신석기 혁명부터 쌀 개방까지
우리나라 농업의 역사

■ 사진 제공

국립광주박물관 : 돌낫 17쪽, 탄화된 쌀 35쪽, 나무 괭이·괭이 날·쇠스랑형 나무 괭이·나무망치·고무래·쇠낫과 자루 42쪽
국립민속박물관 : 따비 39쪽, 새마을 모자·새마을 깃발 126쪽
국립부여박물관 : 살포 59쪽, 호미 날 64쪽
국립전주박물관 : 멧돼지 어금니 낫 17쪽
국립중앙박물관 : 곰배괭이·돌삽·반달돌칼·돌보습 17쪽, 빗살무늬 토기 19쪽, 어망추 25쪽, 청동칼 29쪽, 농경문 청동기 30-31쪽, 청동방울·청동거울 43쪽, 괭이자루와 괭이·쇠낫·따비 54쪽, U자형 따비·쇠스랑 56쪽, 보습 60쪽
국립진주박물관 : 볍씨 자국이 난 토기 35쪽
농촌진흥청 : 농민과 함께 일하는 박정희 대통령 122쪽, 1962년 세워진 농촌 진흥청 123쪽, 통일벼 124쪽
삼척시립박물관 : 씨아 81쪽
서울대학교박물관 : 돌괭이 17쪽, 결합식 낚시 25쪽
연합뉴스 : 쌀 수입 반대 129쪽

신석기 혁명부터 쌀 개방까지

우리나라 농업의 역사

글 **염정섭** | 그림 **한용욱**

사계절

| 머리말 |

농업의 역사는
왜 중요할까요?

　인류에게 농업은 사람들이 살아 나가는 데 필요한 식량을 생산하는 활동이었습니다. 오래전 농경이 시작된 이래 지금까지 사람들의 주된 먹거리는 바로 농업을 통해 얻었습니다. 농사가 이루어지는 농촌 마을과 논밭의 풍경도 시대에 따라 조금씩 변해 왔습니다. 농업의 역사는 농촌에서 농민들이 농사를 짓는 활동이 시대에 따라 어떻게 발달해 왔는가를 살펴보는 것입니다.
　우리가 농업의 역사를 알아야 하는 이유는 무엇일까요. 우선 생각해 볼 수 있는 대답은 인류가 바로 농업 생산을 통해 문명을 발전시켜 왔다는 것입니다. 인류는 농업을 통해 식량 문제를 해결하게 되면서 정치·사회·문화 분야에서 다양한 활동을 할 수 있었습니다. 또한 우리나라 역사에서 사람들은 대부분 농민이었습니다. 그렇기 때문에 우리 선조들의 생활을 이해하기 위해서는 농업

이 탄생하고 발달해 온 역사를 알아야만 합니다.

고조선부터 대한민국까지 우리 역사 속에 탄생한 국가들은 모두 대부분 농민에게서 거두어들인 세금으로 운영되었습니다. 그리고 우리가 알고 있는 수많은 위인들을 비롯해 평범한 사람들까지도 모두 농민들이 땀 흘려 수확한 농작물 덕분에 활동을 펼칠 수 있었습니다. 이렇게 볼 때 농업의 역사는 곧 우리나라의 역사라는 점을 이해할 수 있습니다.

또한 농업의 역사를 읽으면 땀의 소중함을 깊이 깨우칠 수 있습니다. 농사짓기는 힘든 일입니다. 씨앗이 점점 자라서 낟알로 영글 때까지 농부들은 많은 땀을 흘리고 시간을 보내야 합니다. 그리고 때에 맞춰 할 일을 제대로 하지 않으면 수확을 기대할 수 없습니다.

역사에 흥미를 갖고 있는 어린이 여러분이 이 책을 통해 농업의 역사를 배우고 우리나라의 역사를 충실히 이해하기를 기대합니다. 또한 지금도 농촌에서 땀을 흘리며 열심히 일하는 농민들의 현실에 대해서도 관심을 가져 주기를 바랍니다. 농민의 삶이 안정되어야 사회가 발전할 수 있다는 것이 농업의 역사가 주는 교훈이기 때문입니다.

2015년 11월 염정섭

| 차례 |

머리말 농업의 역사는 왜 중요할까요? • 4

1. 신석기 시대 처음으로 농경이 시작되다 • 9

한반도에서 언제부터 농사를 지었을까 | 농업의 첫 역사를 알려 주는 유물들 | 신석기 시대의 농사법은 무엇이었을까요? | 곡물을 저장하기 위해 토기를 만들다 | 정착 생활을 시작하다 | 농경의 시작은 신석기 시대에 혁명과도 같은 일

2. 청동기 시대 벼농사를 짓고 고조선이 세워지다 • 27

농업이 식량 생산의 중심이 되다 | 청동기 시대, 농사는 어떻게 지었을까 | 밭에서 재배하는 작물이 다양해지다 | 벼농사를 지었다는 증거는 무엇일까 | 수확 농기구의 대표 주자, 반달돌칼! | 논밭을 갈 때는 돌보습과 따비가 최고 | 음식을 만들 때는 갈돌과 갈판으로 | 나무로 만든 목제 농기구가 발견되다 | 왜 청동으로 만든 농기구는 없을까? | 요새형 마을의 탄생 | 평등 사회에서 계급 사회로 | 우리 역사의 첫 국가 고조선의 등장

3. 철기 시대 철제 농기구에서 비롯한 고대 국가 • 51

쇠로 만든 농기구가 등장하다 | 처음 등장한 철제 농기구는 무엇일까? | 새로운 철제 농기구—U자형 따비와 쇠스랑 | 철제 농기구가 널리 쓰이다 | 농사에 소를 이용하기 시작하다 | 수리 시설을 만들다 | 통일 신라는 어떤 농기구를 썼을까? | 삼국 시대의 경제 발전

4. 고려 시대 땅을 놀리지 않고 매년 농사를 짓다 • 67

농사는 나라의 근본! | 고려의 권농 정책, 왕부터 실천하다! | 수리 시설을 만들고, 관리하다 | 고려 시대 농민들은 어떤 농사를 지었을까? | 고려 농민은 어떻게 생활했을까? | 토지에 등급을 매기다 | 논을 놀리지 않고 매년 벼를 경작하다 | 고려에 면화씨를 심은 문익점과 정천익 | 고려 농업 발전의 원동력

5. 조선 시대 농사는 나라의 근본 • 83

조선 왕실은 왜 농업을 권장했을까? | 조선의 지방 수령은 농사를 권장하기 위해 어떤 일을 했을까? | 조선 시대 벼농사, 이앙법이 발달하다 | 조선 시대 밭농사, 1년 2작의 체계를 갖추다 | 돈이 되는 상품 작물을 재배하기 시작하다! | 필요한 물을 얻기 위한 노력, 저수지와 보 | 자연재해와 농민의 삶 | 조선 시대 농민의 한해살이는 어떠했을까요?

6. 일제 강점기 토지 조사 사업을 벌이고, 쌀을 강제로 빼앗아 가다 • 101

토지 조사 사업을 시작하다 | 일본 사람을 위해 쌀 생산량을 늘리다 | 식민지 지주는 어떻게 만들어지고 몰락했을까? | 서울과 시골의 차이는 더욱 벌어지고 | 소작농들, 소작 쟁의를 일으키다 | 쌀을 강제로 빼앗아 가던 일제의 패망

7. 현대 농업 우리에게 남은 숙제는? • 117

농사를 짓는 사람이 농지를 소유하자! | 농지 개혁을 추진하다 | 농업 기술 개발이 한창 벌어진 1960년대와 70년대 | 1970년대, 통일벼를 널리 보급하다 | 잘살기 위한 운동으로 시작한 새마을 운동 | 1980년대, 농사짓는 사람은 줄고 노인들은 늘고 | 1990년대, 농산물 시장이 열리다 | 21세기의 농업은 생명 산업

1 신석기 시대

처음으로 농경이 시작되다

한반도에서 언제부터 농사를 지었을까

농사를 짓기 위해서는 먼저 기후, 토양, 기술 등 여러 가지 조건이 잘 갖추어져야 합니다. 너무 춥거나 비가 적게 오는 곳에서는 농사를 지을 수 없습니다. 그리고 사막처럼 메마른 땅에서도 농사를 지을 수 없지요. 그런데 비도 알맞게 오고 날씨도 적당히 따뜻하고 땅도 기름진데 농사지을 기술이 없다면 그 또한 아무 소용이 없겠지요.

그런데 이중에서도 가장 중요한 것은 역시 기후입니다.

한반도의 기후가 오늘날과 비슷해진 것은 지금으로부터 1만 년 전의 일이에요. 그 이전에는 남극과 북극은 물론이고 아메리카와 유럽의 일부분까지 빙하로 덮여 있던 빙하기였습니다. 빙하기에는 지구의 온도가 내려가서 거의 일 년 내내 겨울처럼 추운 날씨만 계속되었어요. 그때는 지금처럼 봄, 여름, 가을, 겨울이 없었지요. 빙하기라 해도 남쪽 지방은 조금 따뜻했기 때문에 사람들이 살아가는 것이 가능했어요.

　현재는 지구의 온도가 다시 올라가 빙하기가 끝난 상태입니다. 지구를 뒤덮고 있던 얼음은 점차 녹아서 남극, 북극 주변과 일부 높은 산에만 남아 있지요. 한반도 일대는 1만 년 전부터 기온이 올라가 사계절이 뚜렷한 온대 기후로 자리 잡았어요. 숲에 가 보면 바늘처럼 잎이 뾰족한 소나무와 잎이 넓적한 참나무가 함께 어울려 자라고 있는 모습을 볼 수 있지요? 추운 기후일 때는 소나무 같은 침엽수가 잘 자랐지만, 기후가 따뜻해지면서 참나무 같은 활엽수들이 늘어나 점차 소나무를 밀어내기 시작했어요. 농경은 이렇게 적당히 따뜻한 기후 조건이 갖추어지고 나서야 시작할 수 있었습니다.

　한반도 일대에서 농경이 어떻게 시작되었는지에 대해서는 학자들도 정확히 알지 못하는 점들이 많아요. 그러니까 어떤 과정을 거쳐 농사를 짓게 되었는지 분명하지 않은 점이 있다는 이야기지요. 들판에서 자라던 식물을 사람이 재배하면서 농사가 시작되었을까요? 아니면 다른 지역에서 한반도로 농사 기술이 전해진 것일까요? 그것도 아니면 농경을 할 줄 알던 사람들이 한반도로 한꺼번에 이주한 것일까요? 이러한 의문점들을 한 번에 해결하기는 어려워요. 그래서 우선 한반도에서 일찍부터 농사를 지었음을 알려 주는 유물과 유적을 살펴본 다음, 우리나라에서 농업이 어떻게 발달했는지 알아보도록 할게요.

농업의 첫 역사를 알려 주는 유물들

우리 조상이 살던 곳인 한반도에서 농사가 처음 시작된 것은 기원전 4천 년 무렵인 신석기 시대 중기입니다. 그전에는 나무 열매를 따 먹고 야생 동물이나 물고기를 잡아먹는 수렵(사냥) 채집 생활을 했지요. 신석기 시대 중기부터 농사가 시작되었다는 것은 어떻게 알 수 있을까요? 바로 탄화된 곡물 같은 농경의 증거들이 발견되었기 때문이에요.

우리는 보통 유물이라고 하면 토기나 청동거울, 아니면 신라 왕릉에서 나온 금관처럼 특별하고도 굉장한 물건들을 떠올리고는 합니다. 그렇지만 농업의 역사를 알려 주는 유물은 언뜻 보기에 그리 화려하지도 않고 특별해 보이지도 않아요. 그러나 고고학자들에게는 세상의 그 어떤 보물보다도 귀중한 것이에요. 왜냐하면 우리 인류의 농업이 어떻게 발달했는지를 가장 명확하게 보여 주는 증거이기 때문이지요.

고고학자들은 유적을 발굴하면서 곡식 알갱이, 농기구와 토기에 남아 있는 낟알 자국, 논밭의 흔적 등을 찾아냅니다. 유적이 있던 자리에서 신석기 시대 사람들이 농사를 지었다면 곡식의 낟알이 조금이라도 땅에 묻혀 있겠지요. 또한 돌로 만든 농기구는 썩지 않고 그대로 남아 있을 거고요. 그리고 옛 농부들이 땅을 갈아 밭을 일군 흔적도 남아 있을 수 있어요. 고고학자들은 땅을 조심스럽게 파내면서 이러한 유물들을 하나하나 찾아내고 기록하는 일을 한답니다.

그런데 곡물은 땅속에서 썩지 않고 보존되기는 어려워요. 땅속에 묻힌 곡물이 오랫동안 산소와 접촉하지 않고 압력과 열을 받으면 흑연에 가깝게 변해요. 이렇게 변한 곡물을 '탄화 곡물'이라고 해요.

탄화 곡물은 우리나라의 여러 유적에서 발견되었지만 그중 가장 오래된 것은 북한 지역인 황해도 봉산군 지탑리에서 발굴되었어요. 그곳에서는 신석기 시대 사람들의 집터가 발견되었고, 피 또는 조로 짐작되는 탄화 곡물이 토기에 담긴 채 발견되었어요. 그리고 돌낫, 돌보습, 갈돌 등 농기구도 함께 말이지요. 지탑리 유적 외에 평양 남경 유적에서도 콩과 기장 같은 탄화 곡물이 발굴되었어요. 이러한 발굴 덕택에 학자들은 기원전 3000년 이

| 평양 남경 유적에서 출토된 탄화 곡물 |

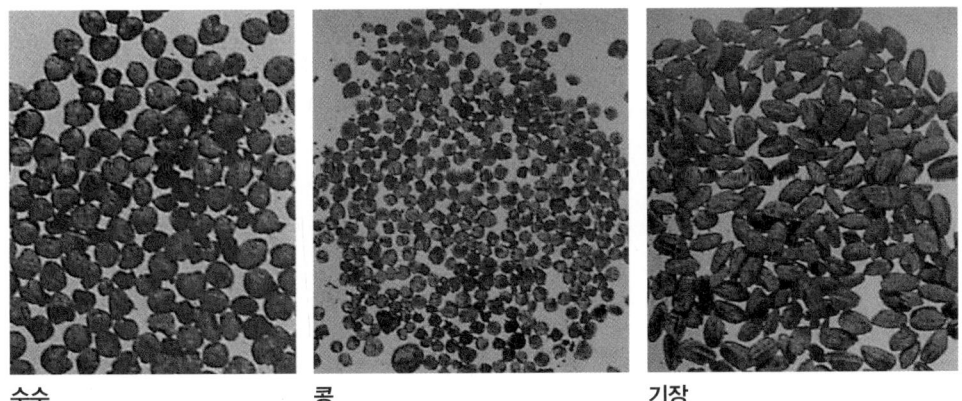

수수　　　　**콩**　　　　**기장**

후에 한반도에서 농경이 시작된 것이 분명하며, 그때 재배한 작물은 피 또는 조라고 설명할 수 있게 되었답니다.

신석기 시대의 농사법은 무엇이었을까요?

신석기 시대의 농경은 크게 세 단계를 거쳐서 이루어졌어요. 무엇보다도 농사지을 땅을 마련하는 일이 먼저였습니다. 돌도끼로 숲이나 덤불의 나무와 관목 따위를 베어 잘 말린 다음 불태웠습니다. 왜 그랬을까요? 나무를 태워서 생긴 재는 훌륭한 비료가 되기 때문에 따로 거름을 주지 않아도 되었기 때문이에요. 재가 사라지기 전에 돌보습이나 돌괭이로 땅을 갈고, 끝이 뾰족한 나무 막대기(굴봉)나 돌괭이(또는 뼈괭이)로 구멍을 파서 씨를 뿌렸습니다. 이윽고 작물이 자라서 익으면 돌낫이나 반달돌칼로 이삭을 따서 수확했어요. 이렇게 농경지를 마련하고, 땅을 갈아 씨 뿌리고, 마지막으로 수확하는 단계를 거쳐야 곡물을 손에 쥘 수 있었어요.

농사를 짓기 시작하고 1~2년쯤 지나면 그 경작지에서는 다시 농사를 짓지 않고 여러 해 동안 내버려 두었어요. 왜냐하면 2년 이상 지나면 작물 수확량이 급격하게 떨어지기 때문이에요. 작물이 자랄 때 필요한 영양분으로 땅속에 있던 것을 얼마큼 뽑아 쓰고 나면, 땅의 힘이 되돌아올 때까지 어느 정도 시간이 필요한 거지요. 그래서 신석기 시대에는 이곳저곳으로 경작지를 옮겨 다녀야 했어요. 게다가 조와 기장 등 밭작물로만 식량을 충당하기에는 부족했어요. 따라서 신석기 시대 사람들은 농사짓는 것만으로 생계를 꾸려 나갈 수 없었기 때문에 수렵과 채집을 함께 해야 했어요.

신석기 시대의 농기구

신석기 시대 사람들은 일상생활에서 주로 갈아서 만든 석기인 '간석기'를 이용했어요. 농기구와 갖가지 도구들 또한 대부분 돌을 갈아서 날을 벼린 몸체에 나무 자루를 연결시켜 만든 것이었어요. 이외에 짐승의 뼈나 뿔, 이빨 등으로 만든 것도 이용했어요. 처음에는 농기구 하나로 여러 가지 일을 다 했습니다. 그러다가 점차 특정한 작업에 필요한 농기구를 따로 만들어 쓰기 시작했어요. 그러다 보니 농기구의 종류가 다양해지고 쓰임새도 더욱 많아졌지요.

자연 조건을 이겨 내면서 농사짓는 모습을 가장 잘 보여 주는 것이 바로 농기구예요. 농기구를 잘 활용하면 할수록 더욱 효과적으로 농사를 지을 수 있었어요. 그러니 농민들에게 농기구는 가장 소중한 재산이자 생명과도 같은 것이었지요.

신석기 시대에 사용한 농기구는 대표적으로 갈이 농기구와 거두기 농기구가 있어요. 갈이 농기구는 땅을 일구어 씨를 심을 수 있게 만드는 갈이 작업에 쓰는 것이고, 거두기 농기구는 다 자란 농작물을 거두는 수확 작업에 쓰는 농기구이지요. 이러한 농기구의 종류를 보면 농사에서 땅 갈기와 수확하기가 가장 크고 중요한 일이었음을 알 수 있어요.

먼저 갈이 농기구로는 돌로 만든 보습과 삽, 괭이 등이 쓰였어요. 돌보습과 돌삽은 신 바닥 모양이거나 버드나무 이파리 모양으로 서로 비슷하게 생겼어요. 그러나 학자들은 대체로 큰 것은 돌보습으로, 작은 것은 돌삽으로 구분하기도 해요.

신석기 시대의 농기구

갈이 농기구
땅을 갈고 씨를 심는 데 쓴다.

수확 농기구
다 자란 농작물을 거두는 데 쓴다.

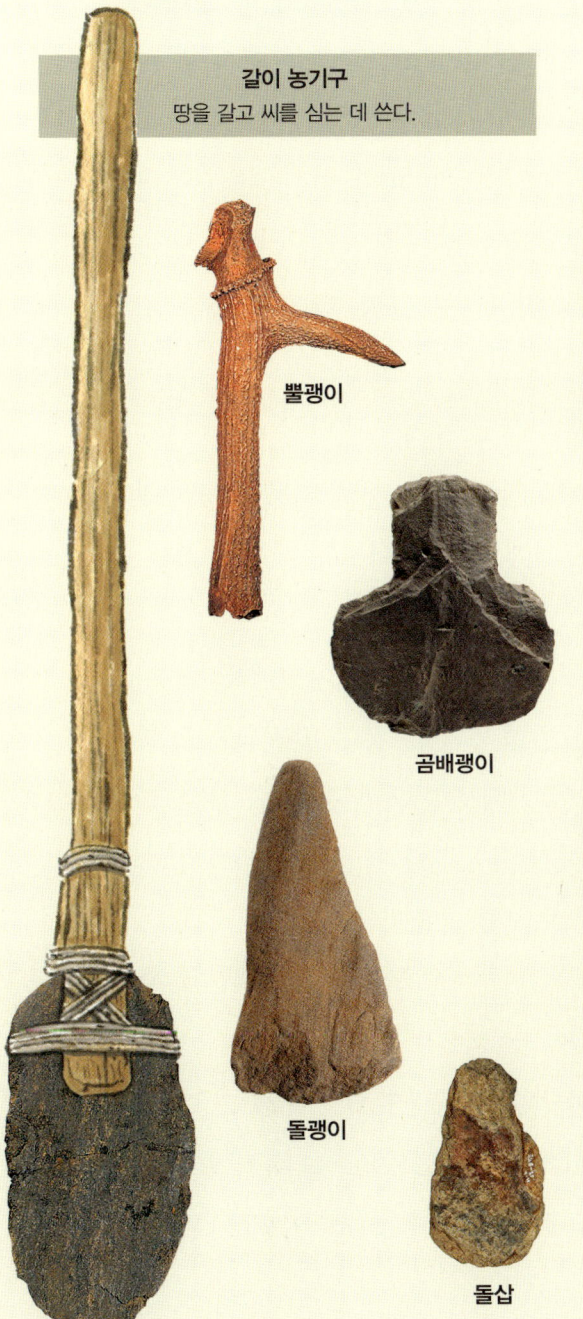
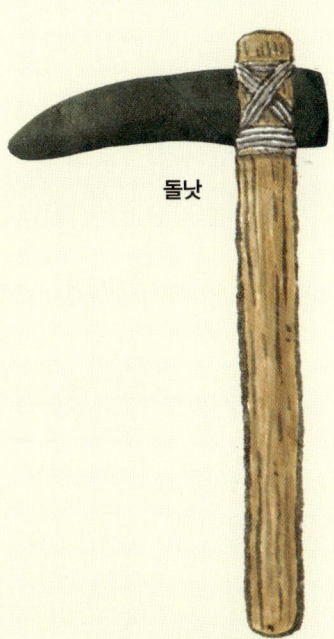

보습과 삽은 모두 나무 자루를 일직선으로 묶어 연결했는데, 경작지로 이용할 땅에 자라고 있는 풀과 나무를 베어 내거나 뽑아내고 또한 땅을 갈아 씨앗을 심을 수 있게끔 부드럽게 만드는 데도 썼어요. 아직 소나 말을 이용하지는 않았기 때문에 사람이 직접 보습을 끌어서 땅을 갈았어요. 이 밖에 괭이는 날과 나무 자루가 'ㄱ'자 모양을 이루고 있는데, 땅에 내리쳐서 박은 뒤 몸 쪽으로 끌어당겨서 사용했어요. 괭이는 땅을 일구거나 씨앗을 심을 구멍을 만드는 데 썼지요.

신석기 시대에도 당연히 구하기 쉬운 나무로 농기구를 만들어 썼어요. 씨앗을 심을 구멍을 만드는 데는 작은 나뭇가지 같은 것을 사용하기도 했을 거예요. 그런데 나무는 땅속에 묻히면 쉽게 썩어 없어지기 때문에 거의 남아 있지 않을 뿐이에요.

신석기 시대에 사용한 거두기 농기구는 낫과 반달돌칼이었어요. 낫은 주로 돌로 만들었지만, 멧돼지 어금니를 갈아서 만든 것이 발견되기도 했어요. 나중에 사용한 철제 낫과 달리 돌이나 뼈로 만든 낫은 이삭 부분을 줄기에서 떼어 내는 데 사용했어요. 신석기 시대부터 청동기 시대까지 거두기 농기구로 가장 널리 이용된 것이 바로 반달돌칼이에요.

곡물을 저장하기 위해 토기를 만들다

신석기 시대 주민들은 농사지어 마련한 곡물을 식량으로 이용했고, 먹고 남은 것은 저장할 수 있게 되었어요. 물고기나 짐승 고기는 쉽게 썩기 때문에 잡은 다음 바로 먹어야 했어요. 그러나 곡물은 낱알 상태로 오래 보관할 수 있기 때문에 보관해 두면 겨울에 매우 중요한 식량이 되어 주었어요. 이렇게 곡물을 저장하는 과정에서 꼭 필요한 도구가 바로 '토기'입니다.

그러면 토기는 처음에 어떻게 만들게 되었을까요? 아마도 불을 피웠던 자리에서 단단하게 구워진 흙을 우연히 발견하면서부터 시작된 것으로 짐작하고 있어요. 그리고 진흙과 모래 등을 적당하게 섞어 불에 구웠을 때 가장 단단한 그릇을 만들 수 있다는 사실을 오랜 시행착오 끝에 알게 된 것으로 보입니다. 그릇 겉면에 물고기 뼈 따위를 이용해 무늬를 그려 넣으면 더 단단해진다는 것도 알게 되고 말이죠.

당시 주민들은 여러 가지 크기와 모양으로 토기를 만들어 냈어요. 그중 대표적인 것이 '빗살무늬 토기'예요. 신석기 시대 주민들은 이러한 토기를 이용해 농사로 얻은 곡물을 보관할 수 있었답니다.

빗살무늬 토기

정착 생활을 시작하다

농경의 시작은 신석기 시대 주민의 삶에 큰 영향을 끼쳤어요. 우선 농사를 짓는 동안 한곳에 머무는 정착 생활이 필요했어요. 작물이 자라는 동안 떠나지 않고 잘 지켜야 수확을 거둘 수 있기 때문이지요. 수렵 채집 생활을 할 때는 계절에 따라 먹을거리가 있는 곳을 찾아 이동 생활을 했어요. 하지만 농사는 작물이 경작지에서 자라는 동안 꼼짝 않고 제자리를 지켜야 하니 이는 곧 정착 생활로 이어졌어요. 농사를 짓고 정착 생활을 하게 되면서 점차 인구가 늘었어요. 그래서 여러 사람이 함께 농사를 짓게 되었답니다. 많은 사람이 모여 효과적으로 일을 하기 위해 지도자도 있어야 했어요.

구석기 시대에도 채집이나 사냥을 함께 하는 공동체가 있었고, 공동체를 이끌어 나가는 지도자도 있었어요. 하지만 당시 사람들은 고정된 집이라고 할 만한 공간이 없었어요. 그러니 집이 모여 만들어진 마을도 없었겠지요. 집이 없던 구석기 시대 사람들은 어디에서 잤을까요? 바로 강이나 냇가에 있는 동굴이나 바위 그늘을 찾아 잠시 지내는 식이었어요. 그런 곳에서 잠시 머물다가 먹을 것을 구하기 위해 계속 이동하는 생활을 했답니다.

정착 생활을 하게 된 신석기 시대 주민들은 작은 집단을 이루어 마을을 만들었어요. 가족별로 살아가는 보금자리로 움집을 만들고, 움집들이 서로 한곳에 모이면 마을이 되었지요.

농사는 움집이 모여 있는 마을별로 협동해서 공동으로 지었어요. 대개 같은 씨족에 속한 사람들로 구성된 마을에는 마을 일을 이끌고 여러 가지 다툼을 조정하는 지도자가 있었어요. 마을 지도자는 물론 농사일도 이끌었지요. 이렇게 마을 공동체에 속해 있는 사람들이 함께 농사를 지었으니 수확물도 공평하게 나누어 가졌습니다. 농사를 짓기 전 수렵과 채집으로 먹고 살았을 때 사람들은 소규모로 집단 생활을 하였고, 또한 구성원들 사이에 평등한 관계를 맺고 있었어요. 이러한 관계가 농경을 시작한 뒤에도 이어지고 있었던 거지요.

신석기 시대에 시작된 농경은 사람들에게 정착 생활을 하도록 만들었어요. 그런데 반대로 사냥이나 고기잡이를 하기에 적당한 지역에 정착해 살게 되면서 농경을 시작했다고도 볼 수 있어요. 이렇게 농경의 시작과 정착 생활은 어느 것이 먼저라기보다 서로 강하게 영향을 주고받아 이루어진 것으로 보아야 해요.

농경의 시작은 신석기 시대에 혁명과도 같은 일

사람들이 농사를 짓기 시작했다는 것은 어떤 의미가 있을까요? 농사를 짓기 전에 사람들은 간단한 도구를 이용하여 풀, 나무 열매, 뿌리 따위를 채집했어요. 그리고 사냥과 고기잡이로 먹을 것을 마련했지요. 이것은 인류가 살기 시작하면서 오랫동안 이어져 오던 채집, 고기잡이, 수렵 중심의 경제생활이었습니다. 그러나 신석기 시대에 이르러 식물의 씨앗을 채집하여 바로 먹어 없애지 않고 땅에 심고 기르는 농경이 시작되었어요. 수확이라는 특별한 목적을 갖고 식물의 낟알을 계획적으로 심어 키우는 농경이 시작되었고, 그에 따라 사람들의 삶이 크게 변했어요. 농경의 시작은 인류의 역사에서 아주 큰 변화를 불러온 중요한 사건이기 때문에 '신석기 혁명'이라고 불립니다.

　신석기 혁명이라는 이름을 들으면 무척 짧은 시간 안에 이루어진 일이 아

| 신석기 시대 밭갈이 모습 |

돌삽으로 돌을 파내고 치운다.

닌가 생각할 수도 있어요. 하지만 농경의 시작은 단기간에 이루어진 것이 아니라 오랜 세월에 걸쳐 차츰차츰 달성한 일이었어요.

씨 뿌리기

돌괭이로 흙을 고르고 씨 뿌릴 곳을 만든다.

돌보습으로 땅을 간다.

혹시 여러분은 들판에 있는 야생 식물의 씨앗을 심으면 그해 가을에 바로 수확할 수 있을 거라고 생각하지 않았나요? 전혀 그렇지 않아요. 야생 식물이 농경에 적당한 성질을 가지려면 수백 년에서 수천 년 동안 야생 식물 가운데 재배하기에 적절한 품종을 골라 그 씨앗을 심고 거두기를 반복해야 하거든요. 지금 우리가 보는 조와 수수 같은 작물들도 오랜 세월에 걸쳐 야생 식물에서 조금씩 변화한 것입니다. 대표적 가축인 소, 돼지, 개도 원래는 야생 동물이었지만 오랜 세월에 걸쳐 인간과 가까워지는 과정을 거

친 뒤에야 가축이 된 것과 같은 이치라고 할 수 있겠죠.

신석기 시대 이후에 시작된 원시 농경은 식생활에 아직 큰 비중을 차지하지는 못했어요. 사람들이 주로 식량을 마련하는 방법은 여전히 채집, 사냥, 고기잡이 등이었어요. 그때는 주로 잡곡을 재배하였고 한 번 농사를 짓고 나면 여러 해 땅을 놀려야 했기 때문에 수확량이 그리 많지 않았습니다. 그러다 보니 농경이 사회를 조금씩 바꾸기는 했어도 아직은 채집, 사냥, 고

그물추와 결합식 낚시

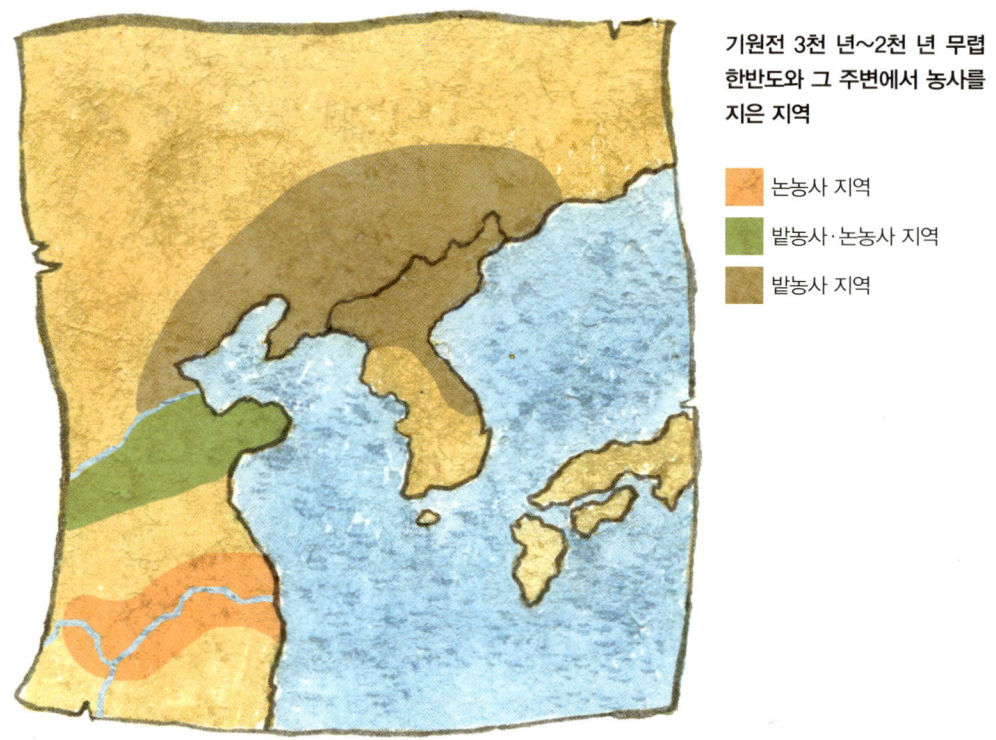

기원전 3천 년~2천 년 무렵 한반도와 그 주변에서 농사를 지은 지역

- 논농사 지역
- 밭농사·논농사 지역
- 밭농사 지역

기잡이가 중요했던 것입니다. 한반도와 주변 일대에서 처음 농경이 도입되어 전파된 곳은 요령 지방과 한반도 서북 지방이었습니다. 시간이 흘러가면서 점차 남쪽으로 퍼져 나가 남한 전체에서 농경을 시작하게 되었지요. 청동기 시대로 넘어가면 농기구와 농사 기술이 크게 발전합니다. 농경이 경제 생활에서 큰 비중을 차지하게 되는 것은 바로 벼농사를 짓기 시작하는 청동기 시대에 이르러서입니다.

2 청동기 시대

벼농사를 짓고
고조선이 세워지다

농업이 식량 생산의 중심이 되다

인류는 청동기 시대에 들어와서야 비로소 금속 도구를 사용하게 되었어요. 청동으로 만든 도구는 돌이나 나무가 따라올 수 없을 만큼 날카롭고 단단했지요. 이러한 청동으로 만든 칼이나 창은 어땠을까요? 말할 것도 없이 큰 위력을 발휘했지요. 이때부터 전쟁이 더욱 치열해지고 많은 사람들이 목숨

을 잃을 수밖에 없었어요.

한편 청동기는 돌이나 나무에 비해 만드는 데 많은 비용과 노력이 들어가요. 우선 재료를 구하기도 힘들고, 금속을 녹여 원하는 청동기를 만들려면 전문 기술자도 필요하지요. 다시 말해 청동기를 제작하는 일은 농업이 발달해서 그 사회의 구성원들이 다 먹고도 남는 생산물이 있어서, 이를 청동기 제작에 활용할 수 있는 사회에서나 가능한 일이었어요.

신석기 시대까지만 해도 식량 생산에 있어서 농경보다는 채집과 수렵이 더 큰 비중을 차지했어요. 그런데 청동기 시대부터는 농업 생산력이 크게 늘어나 채집과 수렵을 제치고 농업의 비중이 가장 커졌습니다. 그 비결이 무엇인지 알아볼까요?

청동칼

청동기 시대, 농사는 어떻게 지었을까

청동기 시대에는 어떻게 농사를 지었을까요? 이에 대한 힌트를 담고 있는 유물이 바로 '농경문 청동기'예요. 농경문 청동기는 말 그대로 농사짓는 모습이 새겨진 청동기를 말해요. 이 유물을 자세히 살펴볼게요.

현재 국립중앙박물관에 소장되어 있는 농경문 청동기는 폭이 약 13센티미터밖에 안 되는 작은 크기예요. 1970년 대전의 한 상인이 고철 수집상에게서 구입한 뒤, 서울의 골동품 상인을 거쳐 국립중앙박물관이 소장하게 되었다고

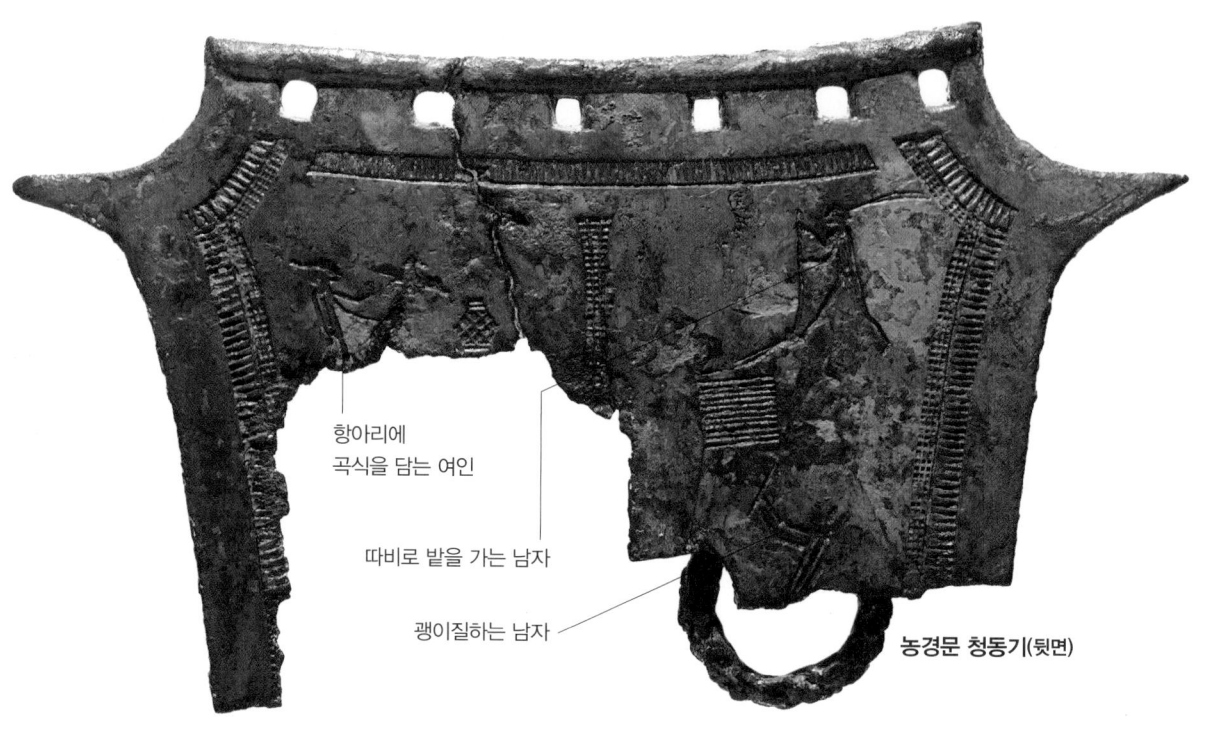

- 항아리에 곡식을 담는 여인
- 따비로 밭을 가는 남자
- 괭이질하는 남자

농경문 청동기(뒷면)

해요. 하지만 출토될 당시의 정확한 상황이나 구체적으로 어디에서 출토되었는지는 알려져 있지 않아요. 그저 대전에서 출토되었다고만 전해져요.

 농경문 청동기의 모양은 전체적으로 방패와 비슷한데 일부분이 떨어져 나간 상태예요. 뒷면에는 따비와 괭이를 가지고 밭을 가는 모습이 새겨져 있어요. 이 모습을 좀 더 자세히 들여다볼까요?

 머리 위에 긴 깃털 같은 것을 꽂은 한 남자가 따비로 밭을 갈고 있어요. 따비 자루에 가로지른 나무를 밟으며 땅을 일구지요. 그 아래 가로로 여러 겹 그어진 줄은 밭고랑이에요. 밭고랑 아래에는 괭이질을 하는 남자의 상반신이 새겨져 있습니다. 두 사람의 모습으로 당시의 농사법을 짐작해 볼 수 있어요. 먼저 나무로 만든 따비와 괭이로 땅을 갈아요. 그런 다음 이랑

나뭇가지에 앉아 있는 새

농경문 청동기(앞면)

이나 고랑에 씨앗을 심는 방식으로 농사를 지은 것이지요. 이렇게 농사짓는 모습을 자세히 표현한 이유는 홍수나 가뭄 같은 자연재해 없이 농사가 잘되기를 바라는 마음에서라고 할 수 있어요.

밭에서 재배하는 작물이 다양해지다

청동기 시대에는 신석기 시대보다 재배하는 작물의 종류가 크게 늘었어요. 드디어 보리, 콩, 팥, 조, 수수, 기장 등 다섯 가지 곡식인 오곡이 모두 재배되었어요. 곡식만 재배한 건 아니에요. 복숭아, 살구, 매실 같은 과일과 채소도 재배했어요. 밭에서 재배하는 농작물의 종류가 크게 늘었다는 건 무엇을 뜻하는 걸까요? 이것은 농사 기술도 점점 나아지고, 토지의 생산성도 꾸준히 늘어났다는 것을 뜻해요.

이번에는 청동기 시대 밭을 한번 살펴볼까요? 고고학이 점점 발달하면

진주 대평리 유적에서 발견된 청동기 시대의 밭

서 예전에는 생각지도 못했던 여러 성과를 거두고 있어요. 한 예로 경상남도 진주의 대평리 유적에서는 약 4천 평에 달하는 청동기 시대의 밭이 발굴되기도 했어요. 곡식 알갱이나 농기구가 아닌 밭 자체를 찾아낸 것은 농업의 역사를 연구하는 학자들에게 아주 큰 성과였어요.

    대평리 유적을 발굴하고 보니 이곳의 밭은 평탄한 표면을 그대로 이용한 것이 아니었어요. 이랑과 고랑을 일정한 간격으로 만들어서 작물을 재배했어요. 이랑과 고랑은 왜 만든 걸까요? 그것은 작물을 재배할 때 갑자기 비가 많이 와도 빗물이 잘 빠져나가게 하기 위해서예요. 또한 잡초 뽑기에도 편했어요. 신석기 시대 때는 평평한 땅에 구멍을 내서 씨를 뿌렸어요. 이에 비해 이랑과 고랑을 만들어서 씨를 뿌리면 훨씬 더 많이 수확할 수 있었어요. 추위에 약하고 습기가 많은 곳을 좋아하는 보리 같은 작물은 바람을 막아 주고 물기를 보존하는 고랑에 씨를 뿌려서 키우고, 습기를 싫어하는 조와 콩 같은 작물은 반대로 이랑에서 키웠습니다.

고고학자들은 논밭 유적을 발굴하면서 해당 지역의 흙을 분석해 눈에는 보이지 않을 만큼 작은 식물의 흔적들을 찾아내기도 해요. 이것을 현미경을 통해 분석해 보면 어떤 작물인지 알 수 있답니다. 진주 대평리 유적에서 나온 곡물 유물을 분석해 보니 조라는 것이 밝혀졌어요.

청동기 시대 농업에서 가장 크게 발달한 것은 벼농사예요. 청동기 시대는 우리나라 농업 생산에 있어서 큰 변화를 가져온 작물인 벼가 재배되기 시작한 시기입니다. 당시 한반도에는 저절로 나서 자라는 야생 벼가 없었어요. 그런데 어떻게 벼농사가 시작되었을까요? 아마도 벼농사 짓는 기술이 다른 지역에서 전해졌을 거예요. 다시 말해 야생 벼가 나는 곳에서 이를 오랜 세월 가꿔 재배 벼로 만든 다음, 다른 지역으로 벼농사가 전파되는 과정에서 우리나라에도 전해졌을 거라 짐작합니다.

그렇다면 한반도에는 어떤 경로를 통해 벼농사가 전해졌을까요? 대부분의 학자들은 벼농사가 중국에서 건너왔다고 보고 있어요. 어떤 학자들은 야생 벼의 자생지인 태국이나 베트남, 중국 남부 지역에서 전해졌다고 주

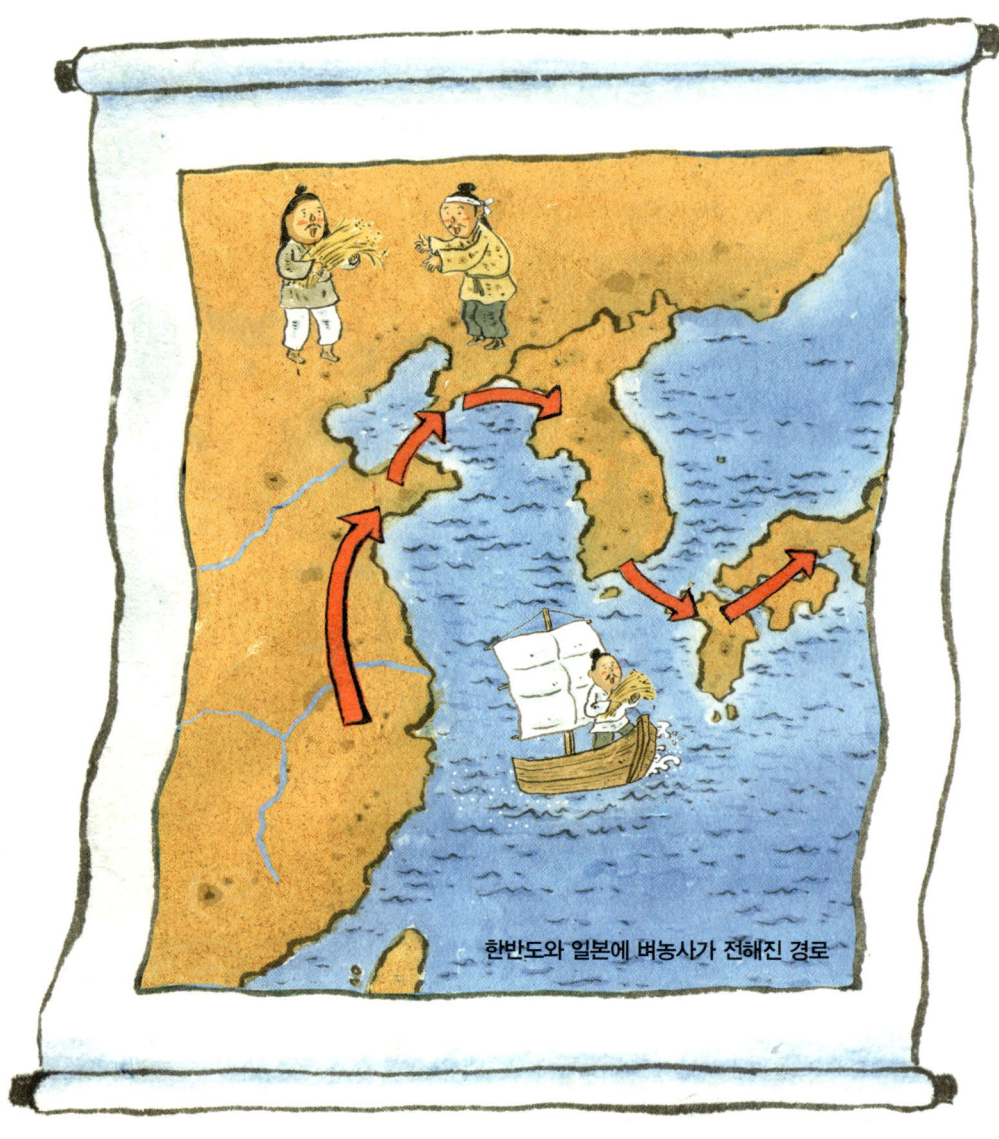

한반도와 일본에 벼농사가 전해진 경로

장하기도 합니다.

　벼농사가 전해질 때 벼농사 기술을 알고 있는 사람이 직접 이동한 것인지, 아니면 교류를 통해 벼농사 기술만 전해진 것인지는 의견이 다양해 앞으로 밝혀야 할 숙제랍니다. 만약 육로를 따라 전해졌다면 사람이 직접 이동해 간 것으로 짐작하고, 바닷길을 통해서라면 문화의 교류로 벼농사 기술만 전해졌을 거라 짐작합니다.

벼농사를 지었다는 증거는 무엇일까

탄화된 쌀이나 볍씨 자국이 찍힌 토기는 청동기 시대에 벼농사를 지었다는 확실한 증거예요. 탄화된 쌀이나 볍씨 자국보다 훨씬 더 확실한 증거는 논이 발견된 경우입니다. 논이 있다면 당연히 그곳에서 벼농사를 지었을 테니까요.

충청남도 논산의 마전리 유적에서 발굴된 논은 규모는 작아도 청동기 시대 논의 모습을 제대로 살펴볼 수 있는 곳이에요. 이곳 유적을 살펴보면 벼농사를 더욱 잘 짓기 위해 물을 끌어오는 시설을 만든 흔적도 보입니다. 언

탄화된 쌀　　　　　　　　볍씨 자국이 난 토기

논산 마전리 유적 논

덕에서 자연스럽게 흘러내리는 물을 담아 두기 위해 인공적으로 만든 '보'와, 봇물을 끌어들여 논에 대기 위해 만든 수로도 발굴되었어요. 이것은 작은 하천이나 계곡을 막아서 물을 담아 두는 보 같은 수리 시설을 세울 만한 곳에 논을 만들었다는 것을 말해요. 논은 평평한 곳에 자리 잡았고 직사각형이거나 불규칙한 모양이었어요.

 벼농사는 다른 작물에 비해 생산성이 높아 수확한 벼를 식량에 충당하고도 남는 것은 저장할 수 있었어요. 이런 장점 때문에 농사에서 벼농사가 차지하는 비중이 점점 높아졌어요. 그 무렵에 벼농사와 밭농사의 비율이 어느 정도였는지 정확히 알기는 힘들어요. 평탄하고 물을 얻기 쉬운 곳에서는 벼농사를 많이 지었을 테고, 경사가 지거나 물을 얻기 힘든 곳에서는 주로 밭작물을 재배했을 거예요.

수확 농기구의 대표 주자, 반달돌칼!

농기구는 크게 갈이 농기구와 거두기 농기구로 나누어요. 청동기 시대 사람들은 각각의 농사에 걸맞은 농기구들을 갖추어 나갔어요. 대표적인 농기구는 바로 거두기 농기구인 반달돌칼입니다.

밭에서 자라는 곡물인 조나 기장은 익는 시기가 일정하지 않고 낟알도 잘 흩어지지요. 그래서 한꺼번에 수확하지 않고 익은 것만 골라서 이삭을 따야 해요. 이삭만 따서 수확할 수 있는 반달돌칼은 그 무렵에 꼭 필요하고도 알맞은 농기구였어요.

박물관에 전시된 반달돌칼을 자세히 보면, 반달 모양이 아닌 직사각형이

나 삼각형 모양인 경우가 많아요. 실제 반달돌칼의 모양은 지역이나 시대에 따라 아주 다양하지만, 그중에서도 반달 모양이 가장 많아서 반달돌칼이라 불립니다.

반달돌칼은 벼농사와 함께 본격적으로 쓰였는데, 그 뒤로 철제 낫이 등장하면서 반달돌칼도 점점 모습을 감추게 되었어요.

논밭을 갈 때는 돌보습과 따비가 최고

청동기 시대에는 논밭을 가는 갈이 농기구로 무엇을 썼을까요? 신석기 시대와 마찬가지로 돌로 만든 보습을 썼어요. 이때는 아직 농사에 소를 이용하기 전이었기 때문에 돌보습에 줄을 달아 사람이 직접 끌었어요. 이외에도 동물 뼈나 돌로 만든 괭이, 곰배괭이로 논밭을 갈았어요.

논밭을 가는 데는 돌로 만든 농기구보다 나무로 만든 농기구인 따비를 주로 썼어요. 실제로 나무로 만든 따비가 발견된 것은 아니에요. 하지만 앞서 살펴본 농경문 청동기 등을 통해 따비가 농사에 이용되었다는 것을 짐작할 수 있어요.

따비는 날의 모양과 쓰임에 따라 송곳형 따비, 주걱형 따비, 말굽형 따비, 코끼리 이빨형 따비로 나누어요. 날의 개수에 따라 외날 따비와 두날 따비로도 나눕니다. 농경문 청동기에 새겨진 따비가 바로 두 개의 날을 가진 코끼리 이빨형 따비였어요. 따비는 날 부분에 청동으로 만든 날을 덧붙여서 쓰기도 했지만 대부분은 나무로만 만들어 썼답니다.

| 여러 가지 모양의 따비 |

따비는 청동기 시대부터 사용된 농기구이다.
사진은 조선 시대의 따비이며 날 끝에 쇠를 덧붙인 것이다.

말굽형 따비    송곳형 따비    주걱형 따비    코끼리 이빨형 따비

돌보습과 따비로 밭을 가는 모습

음식을 만들 때는 갈돌과 갈판으로

음식을 만들어 먹을 때는 어떤 도구를 사용했을까요? 곡물을 수확해 조리할 때는 신석기 시대에도 썼던 '갈돌과 갈판'을 이용했어요. 야생에서 얻은 열매나 농사를 지어 거둔 곡물을 갈아서 가루를 만드는 도구가 바로 갈돌과 갈판입니다.

갈돌은 청동기 시대부터 점점 줄어들다가 철기 시대 유적에서는 완전히 모습을 감추어요. 신석기 시대 이후 조리용 농기구로 등장한 갈돌과 갈판은 점차 절구와 방아, 맷돌 등 효율적인 기능과 형태를 지닌 도구들로 발전해 나간 것으로 볼 수 있어요. 특히 물방아나 물레방아처럼 수력을 이용하거나, 소나 말이 돌리는 연자매처럼 가축의 힘을 이용하는 모습으로 더욱 발전해 나갔습니다.

갈돌과 갈판 이용법
갈판에 곡물을 올려놓고 갈돌로 누르면서 문질러 갈았다.

나무로 만든 목제 농기구가 발견되다

목제 농기구는 석제 농기구, 철제 농기구와 더불어 기본적인 농기구의 하나였어요. 나무로 만들었기 때문에 오히려 석제나 철제보다 훨씬 손쉽게 만들 수 있었죠. 다만 나무의 재질이 쇠나 돌보다 약하다 보니 쓰다가 부러지는 일이 많았어요. 또 나무는 쉽게 썩는 성질이 있지요? 그래서 목제 농기구는 땅속에 묻혀 있다가 유물로 발견되는 경우도 적었어요.

그런데 1997년 광주광역시 신창동 유적지에서 한꺼번에 많은 양의 목제 농기구가 출토되었어요. 발견된 유물은 무려 2천 년 전에 쓰였던 농기구였어요. 그런데 어떻게 나무로 된 농기구가 그 오랜 세월 동안 썩지 않고 있었을까요?

이유는 이 유물이 발견된 곳이 물이 잘 빠지지 않는 저습지 지역이고 무기질이 많은 땅이어서, 묻혀 있던 각종 목제 유물들이 원래 모습 그대로 보존될 수 있었기 때문이에요. 또한 오래전 주민들이 버린 생활 도구들이 홍수 같은 큰물이 지면서 한꺼번에 흙모래에 덮힌 채 유물의 형태를 온전하게 유지할 수 있었답니다.

신창동 유적지에서는 다양한 목제 농기구를 비롯해 벼 껍질, 씨앗, 토기 등도 나왔어요. 목제 농기구는 나무 괭이, 괭이 자루, 나무 쇠스랑, 낫자루, 절구공이 등이 있었어요. 이중에서 나무 괭이와 나무 쇠스랑은 논에서 흙덩이를 부수거나, 차지고 끈기가 강한 땅을 고르는 데 쓰였어요.

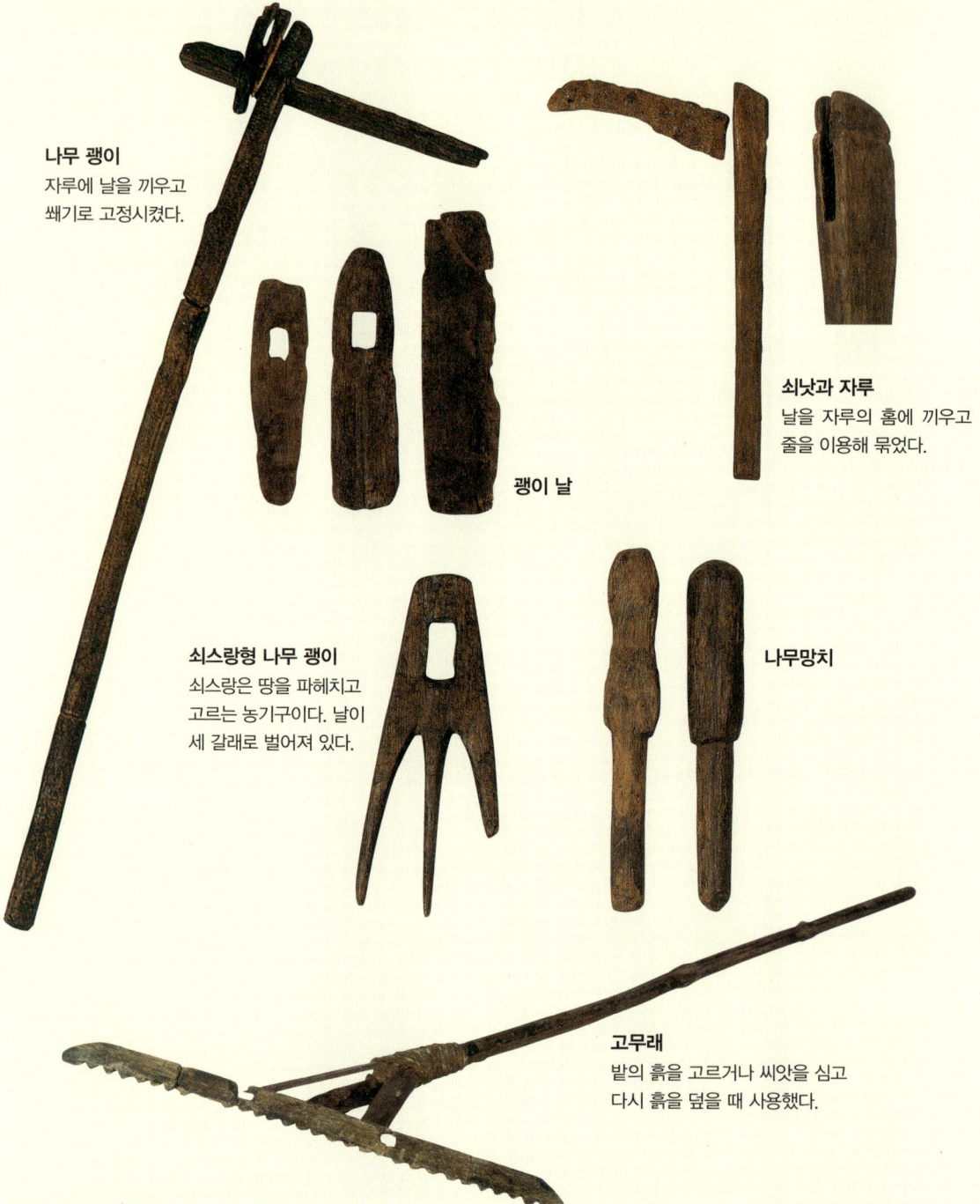

왜 청동으로 만든 농기구는 없을까?

청동기 시대에 사용하던 농기구는 주로 뼈와 돌, 나무로 만들어져 청동으로 만든 농기구는 찾기 힘들어요. 왜 청동 농기구는 만들어지지 않은 걸까요?

청동방울

청동으로 농기구를 만들려면 어마어마한 비용이 들어갑니다. 당시 청동기에 주로 사용된 재료인 구리와 주석은 매우 귀한 재료였어요. 그러나 단지 만드는 데 들어가는 비용이 컸다는 이유 때문이었을까요? 여기에서 더 중요하게 살펴야 할 것은 청동기라는 물건을 누가 왜 사용하는가입니다.

청동기는 누가 사용했을까요? 청동으로 만든 유물들을 살펴보면 청동칼, 청동거울, 청동방울 등 제사

청동거울

의식에 사용하는 도구들이 많아요. 이 도구들은 주로 당시 지배층에 속한 사람들의 필요에 따라 만들어졌습니다. 그러니 청동 농기구는 비용을 따지기 전에 아예 만들려는 시도조차 하지 않았을 거라고 짐작됩니다. 지배층인 귀족은 자기 손으로 직접 농사를 짓지 않는데 굳이 비싼 청동으로 농기구를 만들 필요가 없었다는 말이지요. 물론 청동기가 널리 이용되면서는 일상생활에서 쓰는 물건들도 청동으로 만들어 쓸 수 있었을 텐데, 그러기도 전에 철로 만들어 쓰는 단계로 넘어간 것입니다.

| 청동기 시대의 마을 모습 |

청동기 시대에 농업이 발달하자 규모가 큰 마을이 생겨났다. 강가에 자리 잡은 대평리 마을에는 울타리로 둘러싸인 거주지가 있고, 그 주변에 밭과 무덤이 함께 있었다.
진주 대평리 유적을 바탕으로 당시 마을을 재현한 그림이다.

요새형 마을의 탄생

청동기 시대 사회 변화는 마을의 모습에서도 찾아볼 수 있습니다. 당시 마을은 평소에는 주민들이 살아가는 공간이었어요. 그런 마을이 이웃 집단과 전쟁을 벌일 때에는 생존을 위한 방어 시설인 요새로 변했어요. 마을 둘레

에 깊은 도랑을 빙 둘러 파서 정해진 통로가 아닌 곳으로는 접근할 수 없게 하는 시설을 설치했는데, 이를 '환호'라고 합니다. 또한 마을 둘레에 나무로 만든 높은 울타리인 '목책'을 세워 침입하려는 사람들이 쉽게 넘어올 수 없

45

게 만들었어요.

　청동기 마을 유적에서는 이러한 방어 시설을 찾아볼 수 있어요. 방어 시설이 있다는 것은 청동기 시대에는 사람들이 여기저기 떠돌며 산 것이 아니라 일정한 지역에 머물면서 농사를 중심으로 살았다는 것을 보여 주는 증거이기도 해요. 특히 벼농사는 논을 만들고 물을 대는 것부터 씨 뿌리고 수확하는 과정까지 모두 마을 사람들이 함께 힘을 모아야 할 수 있는 일이었어요.

　벼는 씨앗 하나를 심으면 그 수십 배로 알곡을 얻을 수 있었어요. 그래서 벼농사가 잘되기만 하면 식량 걱정을 크게 덜 수 있었지요. 그러다 보니 마을 사이에 벼농사를 서로 많이 지으려는 경쟁이 벌어졌어요. 논을 만들 땅을 놓고 다투거나, 이미 있는 논이라도 물을 대기 쉬운 곳을 차지하려는 경쟁이 벌어진 것이지요. 또한 생산 도구를 만들기 위해 필요한 돌이나 목재, 청동 같은 원료를 확보하는 문제도 마을 사이의 경쟁을 불러온 원인이 되었어요. 경제적인 문제를 둘러싸고 일어난 마을 사이의 경쟁은 서로 적당히 양보해서 해결되기도 했어요. 하지만 많은 경우에 경쟁이 더욱 치열해져서 큰 갈등을 불러왔고, 급기야 전쟁이 벌어지기도 했습니다. 이러한 전쟁을 거치면서 마을들은 점차 하나의 지배자 아래 복속되어 합쳐지게 되었고 더 큰 집단을 이루어 나갔습니다.

평등 사회에서 계급 사회로

청동기 시대 사회에 나타난 가장 커다란 변화는 사회 구성원이 지배하는 계층과 지배받는 계층으로 나뉘었다는 거예요. 신석기 시대는 함께 생산하고 함께 나누는 평등 사회였지요? 청동기 시대에 들어와서는 이도 옛날 일이 되었어요. 경제력에 따른 계급이 만들어지고, 지배하거나 지배받는 관계가 생겨났어요.

신석기 시대에 마을 어른의 역할을 하던 '지도자'는 청동기 시대에 이르러 다른 사람을 아래에 놓고 부리는 '지배자'가 되었습니다. 지배자가 되는 과정은 이러했어요. 먼저 식량 생산을 담당하는 농민을 자신이 지배하는 집단에 끌어들였어요. 그런 다음 집단을 통치하기 위해 관리와 군인, 청동기 제작 기술자 등을 두었지요. 그리고 각종 제사를 담당하는 사제들도 생겨났어요. 그 무렵의 사제란 지금의 무당과 비슷한 사람들이었어요.

이렇게 사회 집단 안에서 직접 농사에 참여하지 않는 계층이 등장한 것은 농업 생산력이 크게 늘어났기 때문에 가능한 일이었어요. 이중에서도 사제층은 농사의 풍년과 흉년이 하늘 신, 태양신, 곡물 신의 뜻에 달린 것이라 주장했어요. 그리고 자신들만이 이 신들과 소통할 수 있는 존재로 여겼어요. 사제층은 농사의 풍년을 기원하는 제사장으로서 막대한 힘을 가진 종교 지도자이기도 했어요. 농사가 점점 더 중요해지면서 풍년을 기원하는 제사의 기능도, 이를 맡아서 진행하는 제사장의 역할도 점점 커졌지요.

정착 생활을 할 수밖에 없는 청동기 시대 부족들은 점차 한 지역에 터를 잡아 집단을 만들었어요. 다른 집단과 구별되도록 나름대로 자기 부족만의 상징물도 만들었고요. 그리고 부족 사이에 땅을 확보하고 일을 시킬 노예를 차지하기 위해 애썼어요. 힘센 부족은 더 좋은 토지를 더 많이 차지

하기 위해 힘이 약한 부족을 정복하였고, 정복당한 부족을 노예로 만들어 농사나 집안일, 석기 만드는 일 등에 부려 먹었어요.

우리 역사의 첫 국가 고조선의 등장

농업이 발달하면서 크고 작은 마을이나 부족들은 전쟁을 통해 점차 하나의 집단을 이루어 나갔습니다. 이런 과정에서 역사상 첫 국가

인 고조선이 등장했습니다.

　고조선은 원래 청동기를 쓰는 작은 부족 집단이었지만, 철기 시대에 접어들면서 점차 본격적인 국가로 성장했어요. 철로 만든 농기구는 힘을 잘 받았고, 무기도 청동기보다 성능이 훨씬 좋았어요. 철제 도구와 무기 덕분에 농사도 잘되고, 전쟁에 나가도 이겼지요. 이런 과정을 거쳐 고조선은 왕이 다스리며 국가 통치 체제를 갖춘 우리 역사상 첫 국가가 되었습니다.

3
철기시대

철제 농기구에서 비롯한
고대 국가

쇠로 만든 농기구가 등장하다

인류는 석기 다음에 청동기, 그리고 철기를 사용했어요. 철을 이용해 만든 도구를 사용한 시기를 '철기 시대'라고 불러요. 사람들은 이제 철로 농기구를 만들어 쓰기 시작했어요.

우리나라에서도 기원전 1세기 무렵부터 철제 농기구가 만들어졌어요. 그러면서 농사에도 많은 변화가 나타났지요. 특히 철제 따비와 괭이, 쇠낫 등이 개발되면서 농업 생산성이 크게 높아졌어요.

우리나라의 경우 중국에서 철기 문화를 받아들이고 나서 제철 기술도 나날이 발전했어요. 철기 문화를 받아들인 뒤 가장 먼저 농기구들이 철로 만들어졌어요. 철로 만든 농기구는 청동기보다 재질이 더 강해 성능이 훨씬 좋았어요. 게다가 철기를 만드는 원재료인 철광석을 얻기도 더 수월했어요. 다만 철기를 만들기 위해선 청동기를 제작할 때보다 훨씬 더 높은 온도가 필요해요. 이 온도를 높이기 위한 기술이 있어야 하는 거지요.

철제 농기구는 농업 생산성에서 큰 발전을 가져왔어요. 쇠도끼와 쇠로 만든 괭이가 등장하자 돌도끼를 사용할 때보다 나무를 베어 내고 땅을 개간하여 논밭을 만드는 일이 훨씬 더 쉬워졌어요. 또한 원래 있던 논밭을 더 깊게 갈 수도 있었고요. 그렇게 함으로써 경작지를 더 많이 확보할 수 있었고, 이전보다 수확도 많아졌지요.

철제 농기구를 만들기 위해서는 많은 사람들의 노력과 기술이 필요했어요. 그래도 철제 농기구가 가진 장점이 많다 보니 널리 쓰이는 것은 시간 문제였죠.

| 쇠로 만든 도끼와 괭이로 땅을 개간하는 모습 |

처음 등장한 철제 농기구는 무엇일까?

철로 농기구를 만들기 시작할 무렵 가장 먼저 등장한 것은 철제 날을 붙인 따비와 쇠를 녹여서 만든 쇠괭이, 낫이었어요.

우선 따비는 밭을 갈아 씨 뿌릴 곳을 만들 때 썼어요. 따비로 갈이 작업을 한 다음에는 괭이로 흙을 부수어 고르게 만드는 작업이 뒤따랐지요. 농사를 다 짓고 나면 농작물을 수확할 거두기 농기구도 필요한데, 우리나라의 대표적인 거두기 농기구인 낫도 철로 만들어 썼어요. 쇠낫이 널리 쓰이

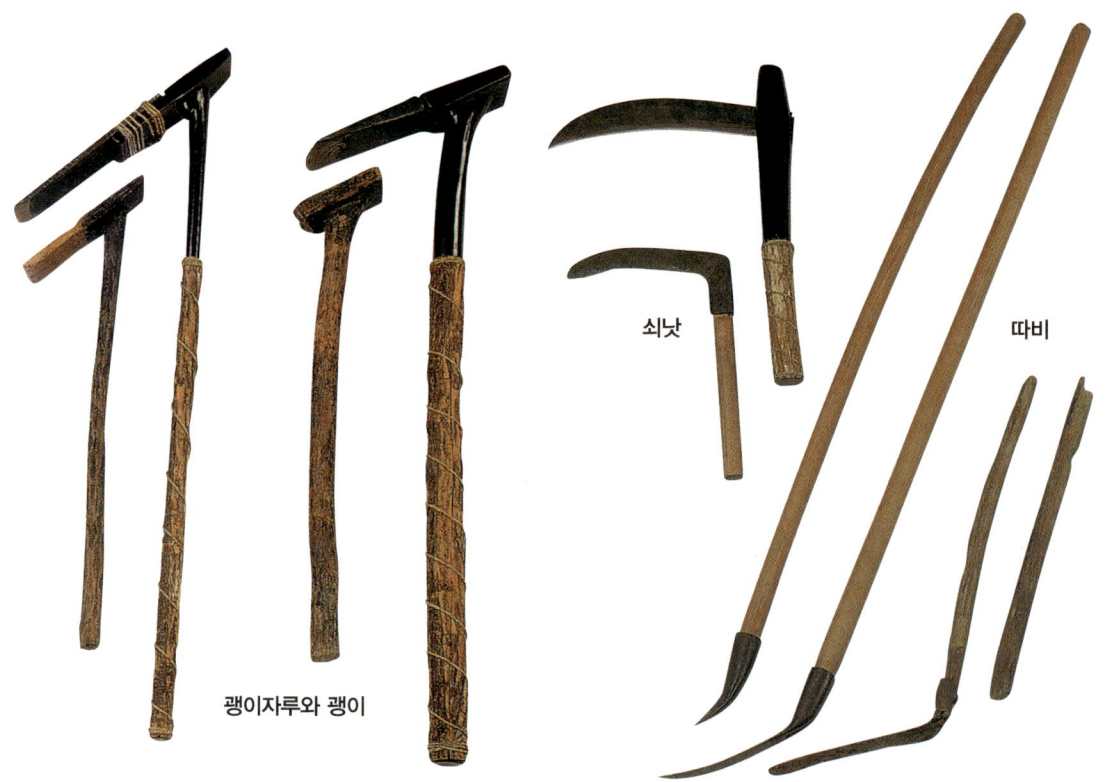

괭이자루와 괭이 　　　쇠낫　　　따비

| 철제 농기구 유물과 복원한 모습 |

창원 다호리 유적에서는 논밭을 일구는 데 사용하는 괭이와 따비, 수확할 때 쓰는 낫까지 다양한 철제 농기구가 출토되었다.

면서 이전에 같은 역할을 하던 반달돌칼은 점점 모습을 감추게 됩니다.

철기 시대라고 하지만 모두가 철제 농기구를 사용한 건 아니고 목제 농기구도 많이 쓰였어요. 따비와 괭이, 쇠낫 등의 철제 농기구는 모든 사람이 마음대로 쓸 수 있는 건 아니었어요. 주로 지배층이 많이 썼지요. 지배층을 뺀 나머지 사람들은 주로 목제 농기구를 사용할 수밖에 없었어요.

철제 농기구를 사용하면서 수확량이 크게 늘었어요. 그런데 모든 사람들이 철제 농기구를 사용할 수는 없었기 때문에 같은 집단 안에서도 잘사는 사람과 못사는 사람의 차이가 더욱 벌어졌지요. 그러다 보니 집단 안에서 예전보다 더 강한 힘을 지닌 지배자가 등장해 많은 사람들을 다스리기 시작했습니다.

새로운 철제 농기구 - U자형 따비와 쇠스랑

시간이 지나면서 U자형 따비와 쇠스랑 같은 새로운 철제 농기구가 등장했어요. 철기 제작 기술이 발달하면서 성능이 더 뛰어난 농기구들이 만들어진 거지요.

U자형 따비는 이름 그대로 U자 모양의 쇠날을 가진 농기구를 말해요. 날과 자루가 나란히 연결되어 삽이나 가래와 모양과 기능이 비슷해요. 자루에는 손잡이와 함께 밭을 갈 때 발로 힘을 주어 누를 수 있는 나무를 가로로 끼워 놓았어요. 자루의 끝부분에는 U자형 따비 날을 달았지요.

U자형 따비로 밭을 갈면 날이 좁고 긴 형태의 따비보다 더 많은 양의 흙을 뜨고 뒤집을 수 있어서 밭 가는 일을 훨씬 더 효율적으로 할 수 있었어요.

U자형 따비

쇠스랑

쇠스랑은 세 개의 발이 자루와 이어진 농기구예요. 쇠스랑 또한 다양한 용도로 쓰였는데, 그중에서도 논이나 밭의 흙덩이를 부수고 정리하는 데 주로 사용했어요.

U자형 따비와 쇠스랑은 이전부터 쓰던 따비와 괭이에 비해 가벼웠어요. 그리고 흙을 다스리기도 수월했고요. 게다가 강도도 이전보다 훨씬 높았기 때문에 논농사에서 작업 효율을 크게 높일 수 있었어요. 이처럼 새로운 철제 농기구 덕분에 구릉 지대나 산간 지역에서도 활발하게 밭을 개간할 수 있었답니다.

거두기 농기구의 대표 주자인 낫이 널리 보급되면서 농사에도 변화가 생겼습니다. 낫은 날이 곧게 뻗어 있거나 곡선을 이루면서 살짝 구부러져 있었어요. 낫은 곡식을 수확할 때뿐 아니라 초목을 벨 때도 쓰였어요.

이전에 사용하던 반달돌칼은 이삭을 하나씩 자르는 방식이어서 한꺼번에 많은 양을 거두기가 어려웠어요. 수확하는 데 시간도 많이 걸렸고요. 하지만 낫은 한꺼번에 여러 포기를 수확할 수 있었어요. 또한 줄기째 벨 수 있으니 짧은 시간에 많은 양을 수확할 수 있었지요.

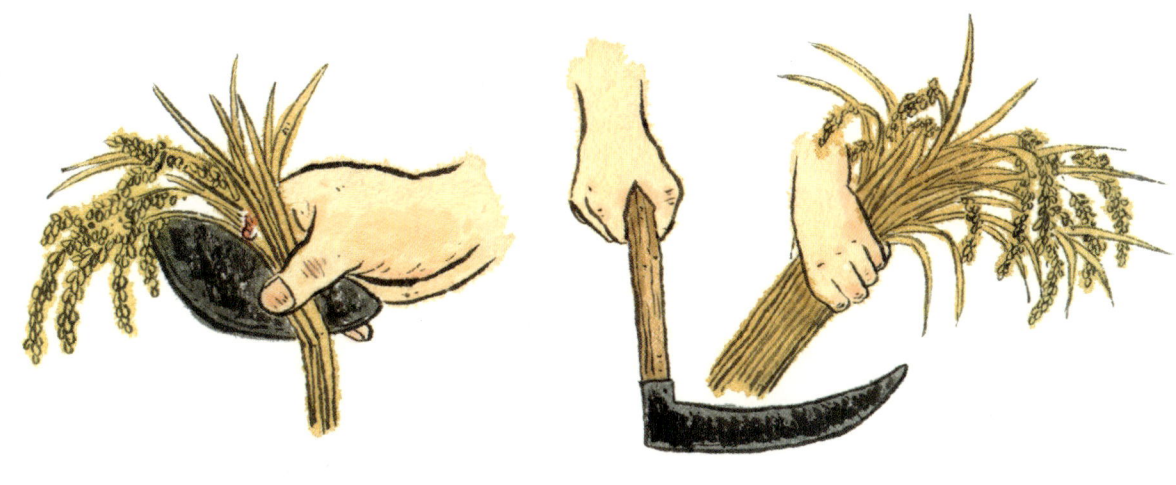

이삭만 딴다.　　　　　　　줄기를 잡고 밑동을 자른다.

| 반달돌칼과 낫의 수확 방법 비교 |

철제 농기구가 널리 쓰이다

철기 제작 기술은 시간이 흐름에 따라 더욱 발전했어요. 이제는 거푸집을 활용해 찍어 내는 주조 방식 말고도 쇠에 열을 가하고 망치로 두들겨서 원하는 모양으로 만드는 단조 방식이 등장하기도 했어요. 이런 기술 덕택에 철제 농기구의 형태와 종류가 더욱 다양해졌지요.

이 무렵 눈에 띄는 일은 따비가 쇠퇴하면서 살포가 등장했다는 거예요. 살포는 이전에는 없다가 새롭게 등장한 농기구예요. 중국이나 일본에서는 보이지 않고 오직 우리나라에서만 발견되는 것이 특징이기도 합니다. 이 농기구는 주로 벼농사에서 김매기를 할 때나 논의 물꼬를 틀 때 쓰였어요.

발굴된 유적지를 통해 미루어 짐작하면 아주 넓은 범위의 지역에서 철제 농기구가 쓰였다는 것을 확인할 수 있어요. 또한 철제 농기구 유물의 종류

❶ 거푸집 준비　　　　　❷ 쇳물 붓기　　　　　❸ 완성된 쇠괭이

| 주조 쇠괭이 만드는 법 |

와 수량도 다양하고 풍부하게 출토되는 것으로 보아 철제 농기구를 더 많이 사용하게 되었음을 알 수 있어요.

농사에 소를 이용하기 시작하다

소는 우리 민족에게 사람만큼 귀한 대접을 받았던 동물인데요, 그 이유는 무엇일까요? 소는 농업이 발달하는 데 아주 큰 역할을 한 동물입니다. 철제 농기구가 농업 생산력을 획기적으로 높일 수 있었던 것도 소 덕분이었지요. 그러니 소는 농사에 없어서는 안 될 존재가 되었고, 사람만큼 귀하게 대접을 받았던 거랍니다. 그럼 소가 어떻게 농사에 도움을 주었는지 살펴볼게요.

　U자형 따비가 등장하면서 논밭을 쉽게 갈아엎을 수 있었죠. 이것은 생산

성에 큰 발전을 가져왔지만 어디까지나 사람의 힘으로 갈아 주어야 하는 일이었어요. 그런데 소의 힘을 이용하면 땅을 더 깊게 팔 수 있었어요. 깊게 갈아엎으면 땅이 기름지고 잡초도 덜 자라게 되어 수확량이 늘어나지요.

사람이 쓰던 보습을 소가 끌 수는 없었기 때문에 쟁기라는 특별한 농기구를 개발했습니다. 철제 보습을 단 쟁기를 소의 몸통에 걸어 이용했지요. 이렇게 농사에 소를 이용하면서부터 수확량이 늘어난 것은 물론이고 땅을

살포

| 살포를 이용해 논의 물꼬를 트는 모습 |

쉽게 갈 수 있었기 때문에 한 사람이 경작할 수 있는 땅이 더 넓어졌습니다. 그래서 더 넓은 땅을 개간해 농사에 이용할 수 있게 되었답니다.

그렇다면 삼국 중에서는 어느 나라가 가장 먼저 농사에 소를 이용하기 시작했을까요? 바로 고구려입니다. 고구려 지역에서 발견된 보습 가운데 가장자리가 날카로운 V자 모양인 보습이 있어요. 보습은 소가 끄는 쟁기 중 목제로 된 날 끝에 덧대는 부속품을 가리켜요. 또한 375년에 조성된 고구려 고분 벽화에 코뚜레를 한 소가 그려져 있었어요. 소가 코뚜레를 하고 있다는 것은 사람이 부리는 가축이라는 의미이지요. 이런 유물들을 놓고 볼 때 고구려에서 소를 이용해 밭을 갈았다는 것을 알 수 있어요.

신라에서는 언제부터 소를 이용해 농사를 지었을까요? 고구려에서 소를

보습   쟁기

이용하기 시작한 다음 차차 신라에도 전해졌을 거예요. 6세기에 이르면 국가 차원에서 소 이용을 널리 장려하기도 했어요.

　백제 또한 소를 이용한 농사에 관한 직접적인 기록이나 유물은 없어요. 그렇지만 신라보다 늦지는 않았을 것으로 짐작하고 있어요.

수리 시설을 만들다

삼국 시대에 와서 벼농사가 발달하고 논으로 쓰는 땅이 늘어나

| 소에 쟁기를 걸어 밭을 가는 모습 |

면서 점점 더 규모가 크고 복잡한 수리 시설이 필요했어요. 벼농사가 처음 시작될 무렵에는 간단한 수로나 수문 설치만으로도 가까이에 있는 물을 끌어다 쓸 수 있었어요. 하지만 논의 면적이 크게 늘어나면서 이전보다 규모가 훨씬 더 큰 수리 시설이 필요했지요. 때에 따라서는 먼저 적당한 곳을 골라 저수지나 보를 만들어 놓은 다음 그 주변을 논으로 개간하는 경우도 있었어요.

고구려는 높은 산과 계곡이 많고, 농경지는 하천을 중심으로 좁게 들어서 있었어요. 따라서 논농사에 필요한 물도 작은 하천에서부터 수로를 만들어 끌어왔을 것입니다. 신라는 거대한 저수지를 만들었는데, 물을 막은 제방의 길이가 2,730미터에 달했어요. 이것이 바로 경상북도 영천에 있는

벽골제의 수문을 재현한 모습
전라북도 김제에 있는 벽골제 유적은 우리나라에서
가장 오래된 저수지의 모습을 보여 준다.

청제 유적입니다. 청제는 지금까지 남아 있는 가장 오래된 인공 저수지랍니다. 기록에 따르면 청제를 축조할 때 7천 명이 동원되어 국가적인 사업으로 이루어졌다고 해요.

영천 청제

통일 신라는 어떤 농기구를 썼을까?

통일 신라 시대에 이르자 기본적인 철제 농기구가 갖추어졌어요. 이후 농업 기술이 더욱 발달하면서 철제 농기구의 기능과 형태도 다양해지고 세분화되었어요.

특히 보습과 볏, 호미에서 이 시기의 특징을 찾을 수 있어요. 보습과 볏은 쟁기의 부속품이에요. 보습이 논밭을 갈아 흙덩이를 들어 올리는 기능을 했다면, 볏은 보습이 들어 올린 흙덩이를 다시 뒤집는 일을 했어요.

호미는 김매기 농기구의 대명사로 볼 수 있는데, 지금과 같은 형태를 갖추게 된 것은 바로 통일 신라 무렵입니다. 이보다 앞선 시기에는 김매기에 살포를 이용하거나 몸체가 넓적하고 네모난 괭이 모양의 호미를 이용했어요. 통일 신라 이후에 발굴된 호미는 날 부분이 좀 더 좁은 것이 특징이에요.

철제 농기구가 널리 보급되면서 농업 경영에도 많은 변화가 생겼어요. 원래는 지역 집단의 지배층만 철제 농기구를 사용할 수 있었어요. 그런데 4세

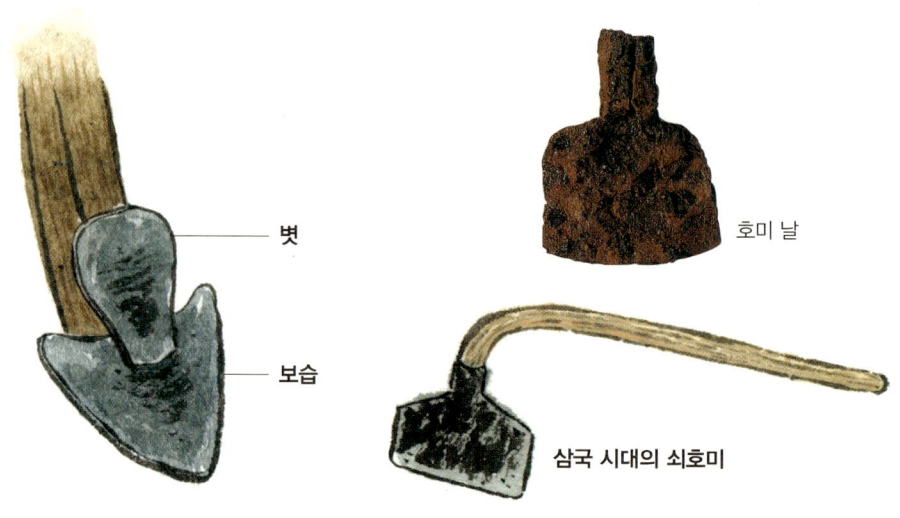

기 후반 이후 철제 농기구가 크게 보급되면서 지배층 이외에 다른 구성원들도 그것을 사용할 기회를 갖게 되었죠. 그러면서 정치적, 경제적으로 능력을 갖춘 계층에서부터 농사짓는 데 철제 농기구를 사용했어요. 이들은 집단 안에서 부유한 계층으로 성장했어요. 이들은 철제 농기구를 활용하면서 자신들이 소유한 노예들을 부리며 농사를 지어 나갔습니다.

이처럼 철제 농기구가 널리 보급되고 농사에 소를 이용하는 우경을 도입하면서 마을 단위의 농업 경영이 크게 변화했어요. 그전에는 사람들이 모두 힘을 합해서 했던 일도 이후에는 각각의 가족 단위로 작업을 할 수 있었던 거죠. 일반 백성들도 괭이나 낫 등 소형 농기구를 철제로 만들어 사용하게 되면서 한 사람이 생산하는 양도 늘고, 같은 땅에서 거두는 수확량도 점점 늘어 갔습니다.

삼국 시대의 경제 발전

철제 농기구가 보급되고 우경이 시작되면서 농업 생산력이 발달했고, 이를 바탕으로 고구려, 백제, 신라는 국가의 체제를 보다 확실하게 갖추어 나갈 수 있었어요. 삼국은 주변의 작은 나라를 정복하면서 많은 농경지를 확보할 수 있었고, 이들 나라에서 나오는 생산물을 공물로 거두어들였습니다. 정복한 지역의 주민은 노비로 삼았고요.

철제 농기구의 보급은 사회에 커다란 변화를 가져왔습니다. 귀족은 많은 토지와 노비를 소유하고 있으면서 철제 농기구를 활용해 농업 생산을 꾸려 나갔어요. 이런 경제적 기반을 갖고 호화로운 생활을 했지요.

그에 비해 농민들의 삶은 힘들었어요. 농민들은 자기들의 노동력으로 직접 농사를 지었고, 경우에 따라서는 다른 사람의 토지를 빌리기도 했어요. 그러나 자연재해가 닥치면 굶주림에 시달렸고, 심한 경우에는 노비로 전락했어요. 농민들은 수확의 일부를 국가에 세금으로 바치고, 농사일을 하지 않을 때에도 국가의 필요에 따라 노동력을 제공해야 했어요.

그러나 농민들은 자신의 삶을 지키기 위해 때때로 크고 작은 봉기를 일으켰어요. 통일 신라 시대 말에 일어난 여러 농민 봉기는 새로운 나라 고려를 세우는 출발점이 되기도 했습니다.

농사는 나라의 근본!

고려 왕조는 국가의 체제를 정비하면서 유교 사상을 받아들였어요. 그리고 백성이 나라의 근본이라는 '민본 사상'을 실천하기 위해 노력했지요. 그 백성들은 대부분 농민이었기에 '민본'이란 농업을 원활하게 돌아가도록 만들어 농민의 생활을 안정시킨다는 의미였어요. 그만큼 농업이 중요한 위치를 차지했지요.

고려 태조는 "농사짓기와 누에치기는 의식의 근본이고 국왕이 먼저 해야 할 일"이라고 강조했어요. 그리고 제때에 농사일을 시작할 수 있도록 하는 데에도 힘을 기울였어요. 농사의 시작인 땅 갈고 씨 뿌리는 일을 제때 하기 위해서는 계절의 변화를 정확히 파악하는 것이 필요했어요. 사람들이 시간의 흐름을 규칙적으로 파악할 수 있도록 정리한 것이 바로 '달력'이에요. 또한 일 년 가운데 특정한 시기로 정해진 24절기를 중요하게 여겼어요. 하늘에서 정해 주는 시기에 왕이 해야 할 일을 제때 하는 것이야말로 하늘과 인간의 교감을 이끌어 내는 일이라고 생각한 거예요.

고려 조정은 농사의 중요성을 백성들에게 보여 주기 위해 여러 가지 의례와 의식을 치렀어요.

태조 왕건상

먼저 왕을 중심으로 풍년을 기원하는 행사를 열었어요. 일 년의 처음인 정월에 하늘에 풍년을 비는 제사를 올린 거예요. 또한 토지의 신과 곡식의 신을 모셔 놓은 '사직'을 세워 제사를 드렸어요. 이것은 나라의 뿌리가 바로 농사짓기에 있음을 보여 주는 것이에요.

왕은 농업을 관장하는 신에게 제사를 올리고, 스스로 밭을 가는 시범을 보임으로써 백성들에게 농사를 권장하는 의지도 보여 주었어요. 자연재해가 일어났을 때는 이를 물러가게 하려는 의식도 거행했답니다.

고려의 권농 정책, 왕부터 실천하다!

고려 왕조는 농업을 안정시키고 더욱 발전시키기 위해 다양한 정책을 마련하고 실천했어요.

농업이 안정된다는 건 곧 백성들의 삶이 안정된다는 것을 뜻해요. 다른 한편으로는 세금을 거둬들이는 일이 원활해진다는 뜻도 되지요. 따라서 고려 조정은 농민이 안정적으로 농사를 계속 지을 수 있도록 조건을 만들어 주고, 어려운 일이 생겼을 때 이겨 나갈 수 있도록 도와주는 권농 정책을 폈어요.

왕부터 권농을 실천한다는 의미에서 왕이 직접 농사의 어려움을 체험하는 행사를 갖기도 했어요. 그리고 무엇보다 고려 조정은 세금을 적게 거두려고 노력했어요. 농민들이 감당할 수 없을 정도로 세금을 많이 거두어서는 안 되기 때문이었지요. 고려는 먼저 국가 재정이 어느 정도 규모인지를 알기 위해 전국의 모든 토지 현황부터 파악했어요. 또한 인구가 늘어나고 줄어드는 것도 조사했지요.

나라에서는 백성들이 짊어져야 할 세금 부담을 가능한 낮추려고 하는데 잘 따르지 않는 지방관들이 많았어요. 그리고 국가에서 토지를 나눠 받은 정부 관리들이 오히려 많은 세금을 거두어들이면서 백성들을 힘들게 하는 경우도 많았고요. 결국 농민의 생활을 안정시키고자 하는 권농 정책이 성공하기 위해서는 지방관들의 역할이 중요했어요.

그렇다면 지방관들은 어떤 역할을 했을까요? 무엇보다도 왕이 파견한 관리로서 농민의 생활을 안정시키는 것이 가장 중요한 임무였어요. 그러기 위해서 그 지역 농사일이 때에 맞추어 잘 이루어지고 있는지 살펴보았어요. 성을 쌓거나 도로 건설 등 국가 사업이 있을 때는 봄이나 가을처럼 농사일이 바쁜 때를 피해 겨울에 농민들에게 일을 시켰지요. 그리고 누에치기도 장려했어요. 누에치기가 잘되어야 농민들이 세금으로 낼 옷감을 생산해 낼 수 있었기 때문이지요. 또한 새로운 농경지를 확보하기 위한 개간 사업도 적극 장려하였습니다.

이와 같은 고려 국왕, 중앙 정부, 지방관들이 고려 농업의 안정을 위해 벌인 여러 가지 노력들이 정책적으로 뒷받침되면서 고려의 농업 생산은 꾸준히 늘어 갔어요. 그렇지만 심각한 자연재해가 찾아올 경우 이를 온전하게 이겨 내는 것은 매우 어려운 일이었답니다.

가뭄, 홍수, 병충해, 서리 등으로 인해 농업이 받는 피해는 컸어요. 자연재해가 찾아오면 농업 생산량은 크게 줄었어요. 수확량이 다른 해보다 훨씬 못 미쳤을 때, 그리고 흉년일 것이 불을 보듯 뻔했을 때 농민들의 마음은 타들어 갔어요. 당장 먹을 것이 없으니 보리를 수확하는 다음 해 초여름까지 어떻게 먹고살 것인지 걱정하지 않을 수 없었지요.

　자연재해가 닥쳐 흉년이 들면 나라에서는 어떻게 했을까요? 고려 조정은 먼저 세금을 깎아 주거나 면제해 주었어요. 이를 위해 실제 피해가 얼마나 되는지 조사해서 조정에 보고하게 했어요. 또 세금 문제와는 별도로 흉년이 들었을 때 관아의 곡식을 풀어 가난한 백성을 도와주기도 했지요.

수리 시설을 만들고, 관리하다

조정에서는 가뭄이나 홍수에 대비해 수리 시설을 만들고 관리하는 일에 많

은 힘을 기울였어요. 수리 시설을 만드는 일은 농민들의 힘만으로는 불가능했어요. 계곡을 막아 물을 가두는 제방을 쌓아야 하고, 바닷가에서는 밀물과 썰물의 흐름에도 버틸 수 있는 방조제를 만들어야 하니 막대한 인원과 돈이 들어가는 일이었지요.

물은 위에서 아래로 흘러 내려가는 것이 이치지요. 그런데 수리 시설은 이런 물의 자연스러운 흐름을 인위적인 구조물을 만들어서 방해하는 시설이었어요. 그래서 물의 엄청난 힘을 견딜 수 있는 단단한 구조물이 있어야 해요. 그래야만 필요한 때에 논밭에 물을 댈 수 있을 테니까요.

수리 시설이 모두 오래가도록 만들어진 것은 아니었어요. 해마다 짓는 농사이니 그해 필요한 만큼의 물만 확보하고는 자연적인 힘에 의해 무너져도 상관없는 수리 시설도 만들었어요.

그런데 물의 흐름을 고르게 하기 위해서는 땅을 파야 하는 경우도 생기고, 제방을 만들 때면 물에 잠기는 농경지도 생기게 되지요. 수리 시설을 만들 때 발생하는 어쩔 수 없는 문제들이었어요. 수리 시설을 만드는 것은 이 모든 경우를 고려해야 하는 일이었어요.

고려 농업에 관련된 기록을 보면 지방관이 적극적으로 농업을 감독하고 격려하는 내용이 나와요. 또 수리 시설을 활용하는 비중도 점점 높아지는 것을 알 수 있어요. 농사를 짓지 않고 묵히는 땅을 개간하는 일도 장려했어요. 가까운 바닷가 지역이나 섬 지역에 대한 개발 또한 활발하게 추진했고요. 더불어 새로운 농경지에 물을 댈 수 있는 수리 시설을 만드는 일도 활발해졌지요. 댐과 비슷한 규모의 저수지를 만들어 물을 대는 형태만이 아니라, 작은 규모로 하천의 흐름을 막아서 만든 보의 이용도 많아졌어요. 물론 갯벌에 방조제를 쌓아 간척지를 확보하고 이를 농지로 활용하는 일도 점점 늘었습니다.

고려 시대 농민들은 어떤 농사를 지었을까?

고려 시대엔 여러 가지 곡물, 채소, 과일 등 농산물을 주로 재배했어요. 그리고 여기에 뽕나무를 키워 누에치기를 하고 비단을 뽑아내는 작업도 함께 했어요. 농사짓기와 누에치기를 합해 '농상'이라 하는데, 이것이 농민들이 주로 담당한 일들이에요. 농민들은 단지 먹을거리를 위해 농사를 짓는 일만이 아니라 입을 거리도 손수 만들어 내야 했던 것이지요.

당시 농민들이 경작한 곡물은 대개 오곡 또는 구곡이라 불렀어요. 이에 속하는 쌀, 보리, 밀, 조, 기장, 수수, 피, 콩 등이 삶에서도 아주 중요한 곡물이었어요. 논에서는 벼를 길렀는데, 주로 볍씨를 논에 직접 뿌리는 방식을 사용하였고, 고려 후기에 이르면 볍씨를 뿌리는 방식 말고도 모를 못자리에서 키워 논으로 옮겨 심는 모내기 방식을 함께 해 나갔어요.

우리나라와 같은 기후에서 농사짓기란 곧 잡초와의 싸움이라고 할 만큼 잡초를 없애는 일은 중요한 일이었어요. 잡초를 없애기 위해 어떤 노력을 했을까요? 우선 잡초는 농작물이 자라는 것을 방해하는 풀이기에 없애야 했어요. 지역마다 땅의 질이 달라 그에 걸맞은 크기와 모양의 호미를 만들어 잡초를 뽑았지요.

그리고 거름을 활용했어요. 거름은 땅에 영양분을 주어 곡물이 잘 자라게 하고, 재배가 끝난 땅에는 힘을 회복시켜 주는 역할을 했어요. 거름으로는 나무나 짚 등을 태우고 남은 재를 이용했고, 재나 가축의 배설물 따위를 썩혀서 쓰기도 했답니다.

고려 시대의 농민들이 곡물만 키운 것은 아니에요. 가지, 오이, 파, 생강 등의 채소류도 심고 키웠어요. 과일 재배도 활발했어요. 배나 복숭아, 능금, 앵도, 오얏, 살구 등을 주로 키웠어요. 그냥 키우기만 한 것이 아니라 접붙이기 기술로 과일의 단맛을 높이기도 했어요. 곡물과 채소, 과일 말고

도 종이를 만드는 데 필요한 닥나무를 재배하고, 옷을 만들기 위해 필요한 마나 모시, 뽕나무 등을 키우는 일도 농민들의 일이었답니다.

다랑이논
고려 시대에는 개간이 활발하게 이루어져 산비탈에도 논이 생겨났다. 이렇게 층층이 자리 잡은 논은 멀리서 보면 마치 사다리나 계단처럼 보였다.

고려 농민은 어떻게 생활했을까?

고려 시대 농민에게는 농사짓기가 살아가는 데 있어 가장 바탕이 되는 일이었어요. 의식주보다 앞서서 준비해야 하는 일이 농사였지요.

고려 시대 농민들의 한 해를 그려 볼까요?

당시 농민들은 해마다 봄이 오면 밭을 갈고 논을 가는 일부터 준비했어요. 서둘러 씨뿌리기를 해 놓고 어느새 여름이 되면 호미를 들고 시간을 다투어 김매기를 해야만 했지요. 가을이 되어 다행히 풍년이 들었다면 세금을 내고 조금 쉴 수 있었을 거예요. 하지만 흉년이라도 들게 되면 미리미리 겨울나기 준비를 해야 하니 걱정이 이만저만이 아니었겠지요?

고려 시대 농민들은 자연재해 때문에 흉년이라도 들면 무척 고달팠어요. 게다가 지방 향리부터 관리, 왕실에 이르기까지 지배층의 수탈 때문에 어려울 때가 많았어요. 농민에 대한 수탈은 곧 농민의 생존과도 연결되는 문제였어요. 무거운 세금에 시달린 농민들은 농토를 팔거나 그도 안 되면 높은 이자를 물면서 고리대를 쓰기도 했어요. 경제적으로 더 버틸 수 없을 때에는 살던 곳을 떠나 산으로 가서 화전민이 되기도 했어요. 화전이란 산간 지대의 땅에 불을 놓아 일군 밭을 말해요. 혹 그마저도 안 되면 떼를 지어 도적이 되기도 했답니다.

토지에 등급을 매기다

고려 시대에 토지에 등급을 매겼다는 사실을 알고 있나요? 등급을 매기는 이유는 토지마다 생산해 내는 곡물의 양이 다르기 때문이에요. 같은 크기

의 토지에서 더 많은 양을 생산한다면 그 토지는 생산성이 높은 것이죠. 이렇게 서로 다른 토지의 생산성을 제대로 파악해야만 그 토지의 제대로 된 가치를 알 수 있습니다. 이를 바탕으로 농민들이 농사를 지었을 때 어느 정도 수확할 수 있는지도 예측할 수 있지요. 그래야만 나라에서 토지에 대한 세금을 매길 때 공평하게 액수를 정할 근거를 갖게 될 거예요.

그렇다면 토지의 등급을 어떻게 나누었는지 살펴볼까요?

논밭으로 쓰는 토지의 등급을 나눌 때는 그 땅이 기름진가, 메마른가 하는 점을 따지는 것이 보통이지요. 매년 농사를 짓는 토지가 상등급이고, 한 해는 농사를 짓고 한 해는 놀리는 토지가 중등급이며, 한 해 농사짓고 두 해를 놀리는 토지는 하등급으로 나누었어요.

 토지의 등급은 상등급보다는 중등급이나 하등급이 더 많은 것이 일반적이에요. 그러니까 고려의 농민들은 대개 토지를 1년이나 2년 놀린 다음 농사를 지었어요.

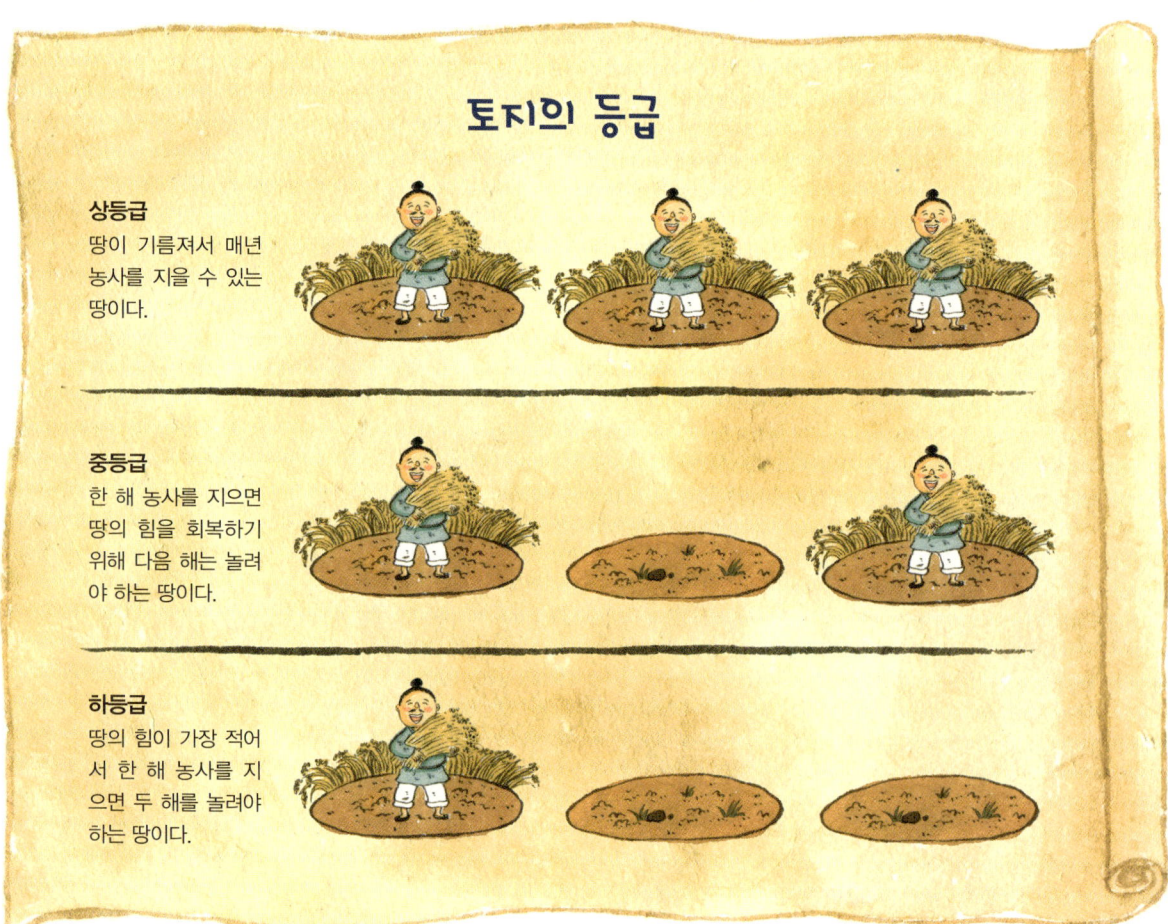

논을 놀리지 않고 매년 벼를 경작하다

고려 후기에 이르면 농업 생산력이 크게 높아지는데, 이것은 토지 이용 방식이 발전했기 때문이에요. 특히 벼 경작법이 크게 달라졌어요. 그전에는 논을 한 해나 두 해 놀리고 농사를 짓는 방식이었다면 이후엔 해마다 경작하는 방식으로 발전했어요. 논을 놀리지 않고 매해 농사를 짓는 방식으로 변화해 간 것은 농업 기술 측면에서 커다란 발전이었어요. 이렇게 땅을 놀리지 않고 매해 농사를 짓게 되면서 고려 말 조선 초에 이르는 시기에 인구가 점차 늘어났습니다. 해마다 농사를 짓게 된 데에는 특별한 사정이 있었어요.

고려 후기에는 특히 몽고나 왜구, 홍건적의 침입으로 바람 잘 날이 없었어요. 고려 말의 유명한 관리이자 조선 왕조를 여는 데 한몫한 조준의 말을 들어 볼까요?

"압록강 이남은 대부분 모두 산이고, 비옥한 논밭은 바닷가 인근에 자리하고 있다. 지금 비옥한 들판에 있는 수천 리 논밭이 왜구들에게 점령되어 갈대가 하늘만큼 자라 있다. 나라는 이미 고기잡이와 소금 생산, 가축 기르기의 이득을 잃었고, 거기에다 비옥한 들판에서 들어오는 수입도 잃었다."

조준의 이러한 탄식은 바닷가 주변 지역의 농경지에서 농사를 짓지 못하는 현실에서 비롯한 것이었어요. 왜구의 침입으로 인해 농경지가 황폐해지는 일은 고려 말까지 계속되었어요. 당연히 당시 농민들은 이에 대한 대책을 세워야 했지요. 수천 리나 되는 논밭을 경작하지 못할 지경이라면 이를 만회할 수 있는 농업 기술을 개발해야 했습니다. 그 요구에 대한 해답이 바로 논을 1년이나 2년 놀리지 않고 매년 경작하는 방식이었습니다.

고려에 면화씨를 심은 문익점과 정천익

고려 말에는 사람들의 의생활에도 커다란 변화가 있었습니다. 새로운 작물이 도입되었는데, 바로 문익점이 갖고 온 면화였어요. 문익점이 중국 원나라에서 목면, 즉 면화를 들여온 것은 14세기 중반이었어요. 문익점 덕분에 조선 팔도에서 모두 목면을 재배할 수 있게 되었지요.

고려 말에 면화가 전래되고 이것이 전국적으로 보급되어 가는 과정에 여러 사람이 힘을 보탰어요. 중국 원나라로 가는 사신의 일원으로 참여한 문

익점은 목면의 씨앗을 가져와 자신의 장인인 정천익에게 나누어 주었어요. 이후 정천익은 목화 재배에 성공한 뒤, 중국 승려인 홍원에게 실을 뽑고 베를 짜는 기술을 배웠어요. 바야흐로 고려에서도 목화를 재배해 면포를 짜서 보급하기 위한 기틀을 마련한 것이지요. 그리하여 1374년 공민왕 말년 무렵이 되어 목화는 충청도·전라도·경상도 등 삼남 지역 일대에서 널리 재배되었어요.

씨아

목화 재배가 널리 퍼지면서 일반 백성의 옷을 목화로 만든 섬유인 면포로 많이 만들게 되었어요. 면포를 짜서 그것으로 옷을 만들기까지의 과정은 농가의 부녀자들이 손수 실을 잣고 베틀을 돌리는 노동을 통해 이루어졌습니다.

고려 농업 발전의 원동력

고려 사회의 지배층은 엄청난 넓이의 토지를 소유하고 있었어요. 거기서 해마다 거두어들이는 세금으로 큰 부를 누렸지요. 사정이 이렇다 보니 고려 조정에서 아무리 농업을 발달시키는 정책을 내놓아도 백성들의 생활이 안정되기는커녕 지배층의 배만 불리는 결과를 낳았어요.

하지만 이러한 상황에서도 고려의 정부와 농민들은 토지 개간, 농업 기술 개량, 농기구 개선, 수리 시설 축조 같은 과정을 통해 꾸준히 농업을 발달시켜 나갔습니다. 이렇게 발달한 농업은 새롭게 세워진 나라, 조선에 큰 밑거름이 되었습니다.

5 조선 시대

농사는 나라의 근본

조선 왕실은 왜 농업을 권장했을까?

조선은 고려와 마찬가지로 민본을 앞세운 유교 국가였어요. 농업을 무엇보다 중시했죠. 나라가 유지되려면 농업이 잘 이루어져 농민들의 삶이 안정되어야 했습니다. 조선이 농민들의 삶에 관심을 기울인 데에는 '왕토 사상'이 밑바탕이 되었습니다. 왕토 사상은 말 그대로 나라의 모든 땅은 왕의 땅이라는 생각입니다. 물론 나라의 모든 땅을 왕이 실제로 갖고 있다는 뜻은 아닙니다. 이는 나라에서 토지에 대한 세금을 걷고 국가적 사업에 농민을 동원할 수 있는 권리가 왕에게 있다는 의미였어요.

| 친경 행사 |
왕은 동대문 밖 선농단에 나와 농사가 잘되게 해 달라는 제사를 지냈다.
그러고 나서 손수 두 마리 소가 이끄는 쟁기로 밭을 갈았다.

왕뿐 아니라 조정의 관리들도 농사를 권장하고 장려하는 일에 힘을 기울였어요. 역대 왕들 또한 농업이 얼마나 중요한지 입이 닳도록 강조했어요. 봄철이 되면 왕은 때때로 '적전'이라는 이름의 밭에서 갈이 작업을 몸소 행하는 친경 행사를 벌이기도 했어요.
　15세기에 이르러 세종은 직접 명을 내려『농사직설』이라는 책을 펴내게 했어요. 이 책은 당시 농민들이 주로 쓰던 농업 기술을 간략하게 정리한 책이에요. 그리고 이 책을 관리들에게 나누어 주었습니다. 특히 지방에 내려가서 농사 감독을 해야 할 수령들은『농사직설』을 통해 농사의 이모저모를

파악할 수 있었어요.

농사를 권장한 임금 중 가장 부지런했던 사람은 누구일까요? 바로 18세기 말의 정조였어요. 정조는 매해 정월마다 『권농교』라고 하는, 농업을 권장하는 왕명을 써서 서울과 지방에 알렸어요. 이는 나라에서 농업 생산이 좀 더 원활하게 이루어질 수 있도록 격려하는 것이기도 했어요. 생산이 원활해야 나라에서 세금을 제대로 걷을 수 있기 때문이었죠.

조선의 지방 수령은 농사를 권장하기 위해 어떤 일을 했을까?

조선에는 크고 작은 지방 고을이 있었고, 고을마다 나라에서 수령을 파견했어요. 조선 조정은 수령을 통해 농민이 농업 활동을 열심히 하는지 끊임없이 감독하고 격려했어요. 지방 수령이 중요하게 해야 할 일 가운데 하나가 바로 농업을 번성하게 만드는 일이었죠. 그렇다면 수령은 농사를 권장하기 위해 어떤 일을 했을까요?

먼저 군현의 수령들은 수시로 농사가 잘되었는지 못 되었는지 파악해야 했어요. 농업 생산에 막대한 영향을 미치는 것 중 하나가 강우량이에요. 수령들은 각 도의 농사 작황, 즉 농작물이 잘되었는지 못 되었는지 하는 상황과 강수량을 중앙 정부에 보고했지요.

조선의 농업은 지금과는 달리 여러 가지 자연재해에 거의 무방비 상태였어요. 농민들은 홍수나 가뭄 등 크고 작은 재해에 시달릴 수밖에 없었죠. 자연재해에 농민들이 피해를 입었을 때 국가는 도와주지 않을 수 없었어요.

먼저 봄이 되면 환곡 제도를 통해 씨 뿌릴 종자와 먹을 양식을 지원했어요. 가을엔 재해를 입은 땅에서 내야 할 세금을 일부 또는 전부를 면제해 주었습니다.

이는 농민이 조선이라는 나라의 근간이었기 때문이에요. 농민들이 세금을 내서 국가의 재정을 유지시켜 주는 존재이기도 하지만 또 하나의 이유가 있었어요. 바로 조선 군사 조직의 바탕을 이루는 것도 농민이었던 거지요. 조선의 농민들은 평소에 농사를 짓다가 전쟁이 나면 군사가 되어 무기를 들었어요. 그러니 국가는 농민의 존재가 더욱 중요했던 것이지요.

조선 시대 벼농사, 이앙법이 발달하다

농업 생산 기술, 즉 농법은 농민의 삶에 큰 영향을 미쳤어요. 조선 시대에는 전기와 후기 사이에 농법에 있어서도 큰 변화가 있었어요. 조선 시대는 논에서 벼를 재배하는 방법과 밭에서 밭작물을 재배하는 방법 크게 두 가지로 농법이 구분되었어요.

벼농사의 경우를 살펴볼게요. 조선 전기에는 직파법이 일반적이었어요. 미리 발아시킨 종자를 논에 바로 뿌리는 방식이 직파법이에요. 그러다가 현재 사용되는 모내기법인 이앙법이 주도적인 재배법으로 자리 잡게 되지요. 이앙법은 고려 후기에도 알려지긴 했지만 조선 시대에 이르러서야 점차 확산되었어요. 직파법이냐 이앙법이냐에 따라 들이는 노동력의 양, 농사의 시기 등이 달라지기 때문에 농민의 일 년 생활 또한 크게 바뀌었답니다.

조선 시대 밭농사, 1년 2작의 체계를 갖추다

조선 시대의 밭농사 기술은 어떻게 발달해 왔을까요? 조선 시대 밭농사는 우선 면화 경작에서 그 특징을 찾을 수 있어요. 고려 말에 들어온 면화는 조선 시대에 이르러 재배하는 지역도 더욱 확대되고, 면화를 재배하는 방

저수지에 가두어 둔 물

모내기
마을 사람들이 함께 모여 미리 키워 놓은 모를 논에다 심었다.

살포로 물꼬 트기

두레박으로 논에 물 대기

법도 일정한 형태를 갖추었어요. 면화를 재배하는 방법이 농사에 관한 책에 실린 것도 이때의 일이에요.

면화를 재배할 때는 잡초를 없애는 '제초' 작업에 많은 노동력이 필요해

| 조선 시대의 벼농사 |

봄에 벼농사를 시작할 때 물을 채운 논에 씨를 바로 뿌리거나 미리 키워 둔 모를 심거나 했다. 이 과정은 농사에서 중요했기 때문에 수령이 관심을 갖고 감독하기도 했다.

논갈이
겨우내 묵혀 두었던 생땅을 갈아 부드럽게 한다.

써레질
써레를 이용해서 논바닥의 덩어리진 흙을 깨뜨리며 바닥을 판판하게 고른다.

요. 그렇기 때문에 농민의 농업 생산 활동에서 노동력을 어떻게 배분할지가 중요했어요.

조선 시대 후기에 이르면 밭농사도 발달해서 1년에 두 번 작물을 재배할 수 있게 됩니다. 이른바 1년 2작의 체계를 갖춘 거지요. 어떻게 1년 2작이 가능해졌을까요?

당시엔 주로 사이짓기(간종법)와 그루갈이(근경법) 방식을 썼어요. 사이짓기란 밭에서 자라는 작물 사이의 공간에 다른 작물을 심는 방법이에요. 예를 들면 밭두둑에 보리를 심고 그 사이에 콩을 심는 거지요. 그루갈이는 밀이나 보리를 수확한 다음 그 자리에 다시 콩이나 조를 심는 방법이에요.

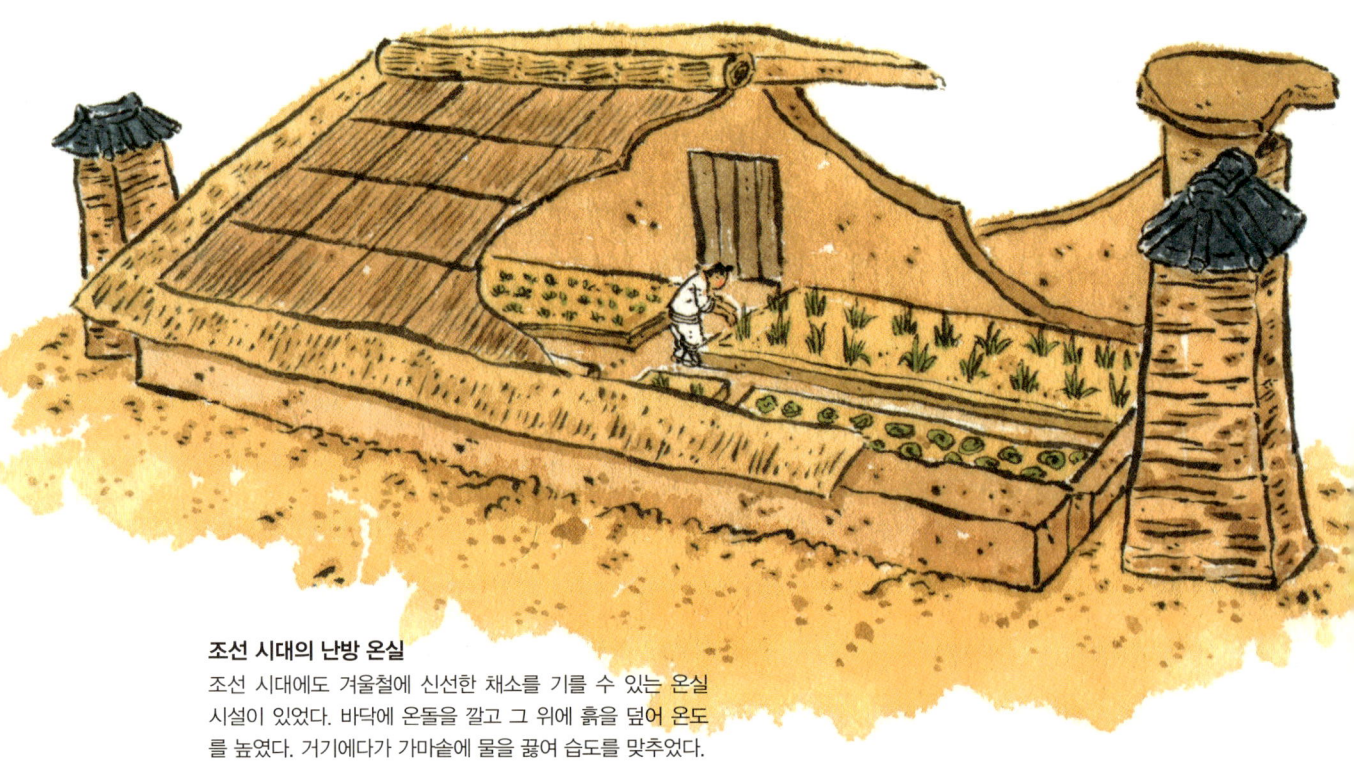

조선 시대의 난방 온실
조선 시대에도 겨울철에 신선한 채소를 기를 수 있는 온실 시설이 있었다. 바닥에 온돌을 깔고 그 위에 흙을 덮어 온도를 높였다. 거기에다가 가마솥에 물을 끓여 습도를 맞추었다.

그루갈이와 사이짓기가 이루어지면서 밭농사가 점점 발달했어요. 게다가 거름 만드는 기술이 발달하면서 거름의 재료를 미리 준비하는 것이 중요하게 여겨졌어요. 농민들은 때마다 거름을 주게 되면서 땅을 묵히지 않고도 기름지게 만들어 매년 농사를 지을 수 있었어요.

돈이 되는 상품 작물을 재배하기 시작하다!

시장에서 장사하는 사람이 늘어나고 쌀, 옷감이 돈의 역할을 대신해서 활발하게 거래가 이루어졌어요. 이렇게 되자 농민들 가운데 자신이 재배한 농작물을 시장에 내다 파는 사람이 많아졌어요.

특히 쌀을 시장에 내다 팔기도 했어요. 농사를 지어 먹는 수준에서 이제는 시장에서 팔기 위해 농사를 짓는 방식으로 변화된 거예요. 이렇게 팔기 위해 재배한 작물에는 어떤 것들이 있을까요?

상품 작물로 재배된 것 중 특히 조선 후기에 이름을 떨친 것이 바로 담배와 차였어요. 담배는 임진왜란을 치르면서 조선에 도입되어 아주 빠른 속도로 전파되었어요. 정조 임금 때에는 기름진 농토가 담배와 차를 기르는 밭으로 바뀌는 바람에 곡식의 생산이 줄어들어 문제가 되기도 했어요.

담배와 차의 생산지가 확대되어서, 품질이 좋은 담배와 차를 생산하는 지역의 이름이 높아져 갔어요. 인삼이나 모시 등 다른 작물 또한 그 작물의 특산지가 명성을 얻게 되면서 상품 작물로서 점점 확고한 위치를 만들어 갔습니다.

필요한 물을 얻기 위한 노력, 저수지와 보

조선 시대 농민들도 농사지을 때 필요한 물은 수리 시설을 통해 얻었어요. 수리 시설의 혜택을 받지 못하는 경우엔 어떻게 했을까요? 그저 하늘에서 내리는 비에 의지하는 수밖에 없었겠지요. 조선 시대에는 수리 시설을 적당한 곳에 만들고, 만든 다음에는 무너지지 않도록 잘 관리하는 것이 농민들이 해야 할 일 중 하나였어요. 나라에서도 관심을 많이 기울였고요.

그럼 조선 시대에는 어떤 수리 시설을 이용했는지 살펴볼까요?

이때는 크게 산골짜기나 평지에 커다란 둑을 쌓아 물을 가두어 두고 이

용하는 저수지와, 나무와 돌로 강의 흐름을 막아 일정한 높이의 수량을 확보하고 이용하는 '보'라는 시설을 주로 사용했어요.

논농사에 모내기법이 크게 보급되면서 수리 시설이 더욱 절실하게 필요해졌어요. 모내기법은 볍씨를 모판에 심어서 모를 자라게 한 뒤 물을 채운 논에 옮겨 심는 방법이지요. 그래서 모내기하는 시기에 필요한 물을 수리 시설을 통해서 확보해야 했어요. 물이 없어서 모내기 때를 놓치면 아예 한 해 농사를 망칠 수도 있었으니까요.

보보다는 저수지를 만드는 데 더 많은 노동력이 필요했어요. 저수지를 만들기 위해 둑을 쌓으려면 온 마을 사람들의 노동력을 동원해도 어려울 때가 많았으니까요. 그래서 저수지를 만들 때 주변 마을의 노동력을 강제로 동원하기도 했어요. 대부분의 저수지는 가까이 있는 군현의 노동력까지 동원해야 겨우 완성할 정도로 규모가 컸어요.

이렇게 해서 만들어진 저수지는 많은 양의 물을 확보하여 넓은 농지에 물을 공급할 수 있었어요. 하지만 저수지를 만드는 데 비용이 많이 들 뿐 아니라 만들 수 있는 지역이 제한적이라는 약점이 있었어요.

보는 저수지보다 노동력이 적게 들었어요. 보는 주로 농촌에 사는 지주들이 주도해서 만들었어요. 하지만 보는 여름철 장마가 크게 지면 떠내려가는 경우가 많았어요. 그래서 이른 봄철이면 지난해 허물어진 부분을 수리하거나, 완전히 떠내려간 곳은 새로 만들 수밖에 없었죠. 그래도 보는 작은 개천이나 시내에 설치하기가 쉬웠어요. 개천이라 해도 상류부터 하류까지 여러 곳에 설치할 수 있는 장점이 있어서 조선 후기에 많이 만들어 사용했어요.

이렇듯 농민들은 수리 시설을 만드는 데 노동력을 보태고, 그것을 보수하고 관리하는 데에도 신경을 써야 했어요.

17세기 후반 이후에는 관아의 힘을 빌려야만 만들 수 있는 저수지보다는 보를 더 많이 이용했어요. 농민들은 직접 자기들의 손으로 농사에 필요한 물을 확보하기 위해 많은 노력을 기울였답니다.

자연재해와 농민의 삶

자연재해 앞에서 농민들은 어떠했을까요? 지금도 가뭄이나 홍수를 만나면 인간의 힘이라는 것이 자연 앞에서는 지극히 미미하다는 것을 깨닫게 될 때가 많지요.

조선 시대 농민들은 지금보다 훨씬 더 많이 자연재해 앞에서 무력함을 느꼈을 거예요. 조선 시대의 많은 농민들이 재해에 대한 적절한 대책이나 안전한 대비책을 마련하지 못한 채 살아갈 수밖에 없었어요. 자연재해 하면 홍수나 가뭄을 많이 떠올리지만 이 밖에도 우박이나 서리, 바람, 안개 등 여러 자연 현상도 언제든 재해로 돌변할 수 있었어요. 일반적인 자연 현상일지라도 보통 수준을 뛰어넘는 강도로 닥쳤을 때에는 농업 생산에 있어 재해를 가져올 수 있었던 거죠. 거기에 덧붙여 병충해의 위험도 만만치 않

앉아요.

　자연재해 중에서도 가뭄은 자주 찾아오는 재해였어요. 봄뿐만 아니라 여름 가을 겨울까지 사계절 모두 가뭄이 찾아들었죠. 초여름 가뭄은 특히 더 피해가 컸어요. 논바닥이 거북이 등처럼 갈라지고 곡식이 누렇게 타들어 가는 걸 보면서도 어찌할 도리가 없었지요.

　가뭄이 들면 마을과 군현은 물론 조정에서 비가 오기를 기원하면서 '기우제'를 드렸어요. 하지만 기우제는 정성을 다하는 일이지 비가 올 수 있게 만드는 근본적인 대책은 아니었지요.

　그런데 자연재해 가운데 농민의 희망을 완전히 꺾어 버리는 것은 가뭄보다는 홍수였어요. 홍수가 나면 농지에서 자라는 곡식이 완전히 물에 쓸려

가는 경우가 많았죠. 더 심하면 농토의 흙이 곡식과 함께 떠내려가기도 했고, 떠내려온 흙이 농지를 뒤덮어 버리기도 했어요.

자연재해로 인해 농사를 망치고 흉년을 맞이했다고 해서 농민들이 그저 앉아서 굶어 죽을 수는 없는 일이었지요.

흉년이 들면 농민들은 앞으로 어떻게 생존할 것인가에 모든 고민을 기울였어요. 벼농사를 짓다가 자연재해를 만나 모내기 자체를 하지 못했을 때는 벼농사를 포기하고 대신 메밀을 심어 재배했어요. 메밀은 다른 밭작물보다 훨씬 더 빨리 자라서 7월 중순에 씨뿌리기를 해도 10월이면 수확할 수 있었어요.

그렇지만 흉년이 든 다음 해 봄이 되면 이른바 '초근목피'로 끼니를 이어 나가는 시절이 찾아오곤 했습니다. 먹을 것이 없으니 풀뿌리(초근)를 캐거나 나무껍질(목피)을 벗겨 약간의 곡물을 섞어서 죽을 쑤어 먹는 거지요. 이렇게 초근목피로 겨우 목숨을 잇는 사람들은 살이 붓고 누렇게 되는 부황이 들어 기력을 차리기가 힘들었다고 해요.

흉년이 들었을 때 나라에서는 어떤 대책을 세웠을까요? 손 놓고 아무 일도 하지 않을 수는 없었을 거예요. 백성을 구제하는 일은 나라가 마땅히 해야 할 일이었으니까요. 조선 조정에서도 농민이 삶을 이어 나갈 수 있도록 여러 방책을 마련했어요.

먼저 세금을 낮추어 주고 곡식을 풀어서 물가를 안정시키려 했어요. 또한 봄에 곡식을 꾸어 주고 가을 추수 뒤에 돌려받는 환곡을 실시했어요. 환곡은 바로 봄철의 굶주림을 해소하기 위한 방법으로 정월부터 시행하는 것이 원칙이었어요. 하지만 아주 심한 흉년이 들었을 때에는 12월, 더 심할 때는 11월부터 시행하기도 했지요.

환곡으로 나누어 준 곡식은 '모곡'이라는 이름의 이자 10퍼센트를 덧붙여 가을에 갚게 했어요. 모곡은 곡식을 나눠 주고 다시 거둬들이는 과정에서 곡식이 줄어들거나, 보관할 때 쥐가 갉아 먹어 줄어든 곡식을 보충하는 데 이용했어요. 하지만 환곡은 처음의 의도와는 다르게 조선 후기로 갈수록 모곡을 거두어들이는 것만 염두에 두는 고리대로 성격이 바뀌었어요. 그 뒤에는 환곡이 필요하지 않아도 강제로 받아 가게 해서 나중에 모곡을 더해 갚아야 했기 때문에 아예 세금으로 자리 잡아 버렸답니다.

조선 시대 농민의 한해살이는 어떠했을까요?

조선 시대 농민의 삶은 농민의 한해살이를 살펴보면 더 잘 알 수 있어요. 농민들은 농사를 지을 때 24절기를 활용했어요. 24절기는 태양의 실제 움직임에 따라 나타나는 계절의 변화를 반영해서 정한 거예요. 특히 농사에 있어서 24절기의 구분은 씨뿌리기, 김매기, 모내기 등을 할 때 언제가 가장 적절한지 알려 주는 중요한 기준이 되었어요.

농민의 한해살이는 24절기를 중심으로 돌아가고 있었어요. 어떤 절기에 어떤 농사를 준비했는지 한번 살펴볼까요?

입춘과 우수가 있는 정월(음력 1월)은 농민들이 일 년 농사를 준비하는 시기였어요. 이때는 나라에서도 농사를 권장하는 데 힘을 쏟았어요. 2월에는 경칩과 춘분이 있는데 이때는 논밭의 봄갈이를 해 주고 가축 기르기, 약재

캐기, 씨뿌리기를 하는 시기였습니다. 3월에는 논농사와 밭농사의 씨뿌리기를 하고, 과일나무 접붙이기와 장 담그기를 하는 시기로 청명과 곡우가 들어 있어요. 4월의 입하와 소만에는 이른 모내기, 사이짓기, 이른 보리타작 등을 했어요. 이때는 본격적인 농사철로 접어드는 시기이기도 했어요. 5월에는 망종과 하지 때 보리타작, 고치 따기, 모내기 등을 했어요. 한여름에 해당하는 6월에는 소서와 대서가 들어 있어요. 농민들은 사이짓기, 북돋우기, 두레를 통한 김매기 등의 작업을 부지런히 해 둬야 가을에 수확할 수 있었어요. 어느덧 입추와 처서가 들어 있는 7월이 되면 김매기, 피 고르기, 겨울을 나기 위해 필요한 채소인 무와 배추의 씨뿌리기 등을 해야 했어요. 8월은 백로와 추분이 들어 있는 달이에요. 이때는 그동안 키운 작물을 수확해 아주 뿌듯함을 느낄 수 있는 시기이기도 했어요. 9월은 계절로 볼 때 늦가을이에요. 절기로는 한로와 상강이 들어 있는데 늦가을의 추수에 온 힘을 다 쏟았어요. 10월 입동과 소설에는 무와 배추를 수확하고, 겨울을 대비하는 작업을 했어요. 11월의 대설과 동지가 찾아오면 농민들은 메주 쑤기, 가축 기르기, 거름 준비 등을 차질 없이 해 나갔어요. 한 해의 마지막인 12월은 소한과 대한이 들어 있는 달로, 매운 겨울바람이 코끝을 시리게 만드는 시기였지요. 농민들은 새해 농사 준비를 해 두는 때였어요.

  춘분에서 추분까지 농민들이 쉴 새 없이 농사일에 전념하는 이 시기 동안 나라에서는 농사일에 보탬이 되지 않는 일을 금하고, 나아가서는 사형 집행마저도 피했습니다. 만에 하나 억울한 사람이 죽어서 하늘을 노하게 해 가뭄이라도 들까 봐 염려했기 때문이지요. 농사철에는 고을의 크고 작

24절기에 따른 농민의 한해살이

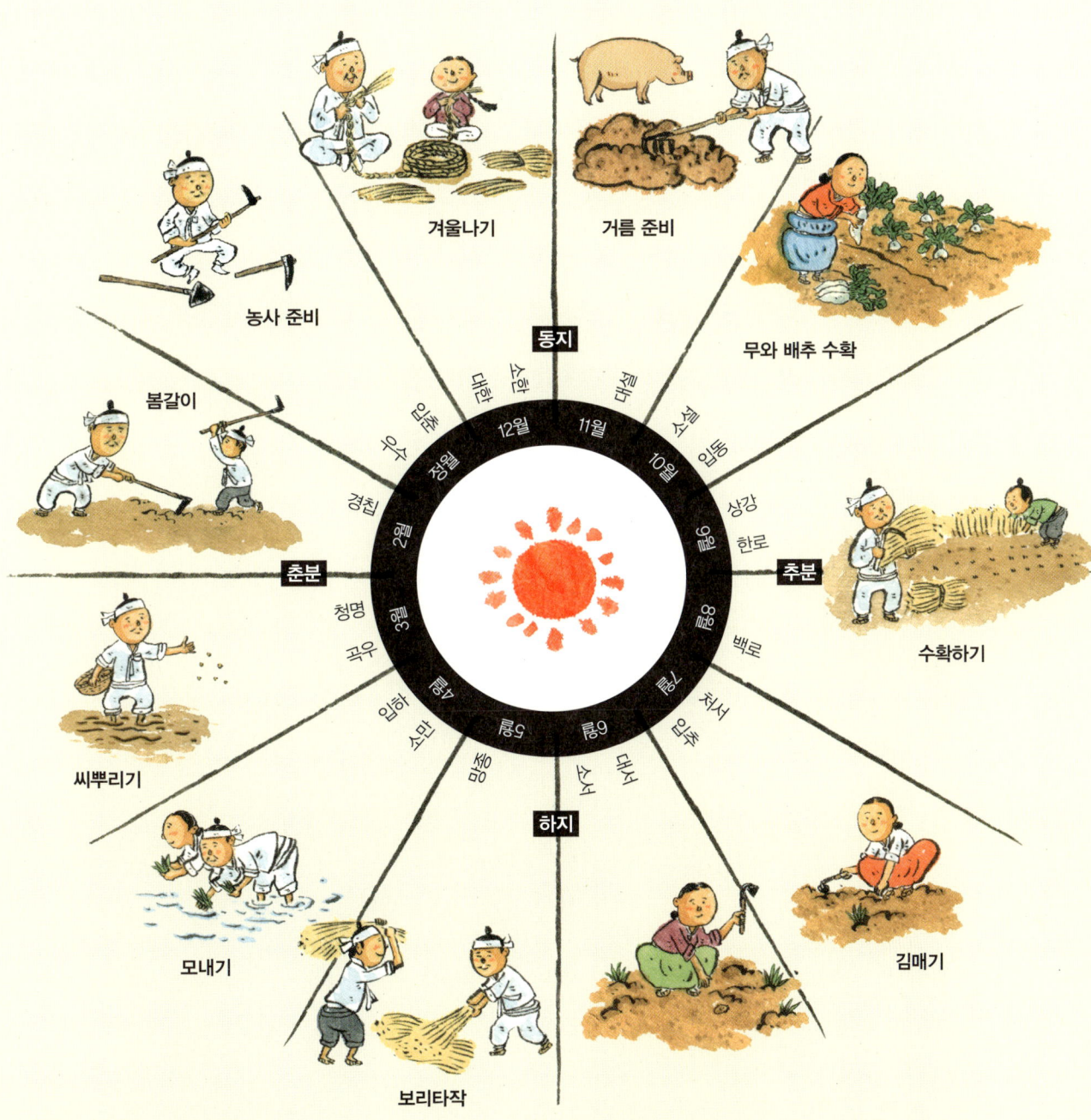

은 재판의 처리도 미룰 정도로 국가 차원에서 농업 생산 활동을 지원해 주었습니다.

6 일제 강점기

토지 조사 사업을 벌이고, 쌀을 강제로 빼앗아 가다

토지 조사 사업을 시작하다

우리나라는 개항 이후부터 외국과의 문화 교류가 더욱 활발해졌어요. 이때부터 선진국의 농업 기술이 함께 들어왔어요. 일본의 식민지가 되어 버린 일제 강점기 이후에는 일제가 농업 분야에서도 식민 정책을 강력하게 추진했어요. 1910년부터 1945년까지 식민지 시기 동안 어떤 농업 정책들이 있었을까요?

1910년 일제는 조선을 식민지로 만든 다음, 농업 식민 정책을 펴기 위해 필요한 기초 조사를 시작했어요. 이를 '조선 토지 조사 사업'이라고 해요. 이 사업은 1910년부터 1918년까지 9년에 걸쳐 오랫동안 진행되었어요. 전국의 모든 토지를 측량하고, 누구의 땅인지, 토지 가격은 얼마인지를 조사해 토지 대장과 지적도 등을 작성하는 사업이었지요.

그런데 토지 소유권이 정해지는 과정에서 농민들은 그 땅을 경작할 수 있는 권리를 아무런 보상도 없이 빼앗겼어요. 조선 후기부터 소작 농민에게는 '도지권'이라는 이름으로 그 땅을 영구적으로 경작할 수 있는 권리가 있었어요. 그런데 일제는 이런 권리는 인정하지 않았어요. 그리고 농민이 자기 땅이라고 증명하기 힘든 국가 소유의 토지들도 조선 총독부의 소유지로 편입된 거예요. 조선 총독부는 이렇게 확보한 토지를 동양 척식 주식회사나 일본인 토지 회사, 일본인 농장 등에 팔아 버렸어요. 당시 동양 척식 주식회사는 조선에서 가장 큰 토지 소유주였어요. 동양 척식 주식회사는 조선 총독부를 통해 확보한 토지를 관리하면서 일본 농민들을 이주시켜 이 땅에 농사를 짓게 했어요. 토지 조사 사업 과정을 거치면서 조선에 있던 일

토지 조사 사업

본 사람들은 토지를 더욱더 많이 소유할 수 있었어요.

일제가 오랜 기간에 걸쳐서 많은 돈을 쏟아부으면서까지 토지 조사 사업을 실시한 것은 한마디로 조선의 토지를 쉽게 차지하기 위해서였어요. 일본은 근대적인 토지 소유 제도를 만들어서 토지를 사고파는 상품으로 만들려 했어요. 또한 토지에 대한 세금을 안정적으로 걷기 위해 전국의 토지를 정확하게 조사할 필요가 있었던 거지요.

일본 사람을 위해 쌀 생산량을 늘리다

토지 조사 사업을 마친 일제는 그때부터 본격적인 농업 정책을 추진하기

동양 척식 주식회사

시작했어요. 일제 식민 농업 정책에서 가장 크게 신경 쓴 부분은 쌀 생산을 늘리는 일이었어요.

1차 세계 대전으로 일본은 경제 상황이 좋아졌어요. 산업이 크게 발달하여 많은 공장을 세우니, 공장에서 일하는 노동자들도 늘었지요. 이에 따라 농민 중에 도시로 이주해 노동자가 되는 인구도 덩달아 많아졌습니다. 농사를 짓는 농민의 숫자가 줄어든다는 건 무엇을 뜻할까요? 바로 쌀 생산이 줄어든다는 것을 뜻해요. 쌀 생산량은 줄어드는데 쌀을 사 먹는 사람은 많아지니 쌀값이 급격하게 비싸졌지요.

이런 문제가 생기자 일본 정부는 조선에서 그 해답을 찾으려고 했어요.

식민지인 조선에서 쌀 생산량을 늘리면 문제가 해결될 수 있겠다고 판단한 거지요. 조선은 일본인 입맛에 맞는 쌀을 생산할 수 있는 조건을 갖추고 있는 데다 땅값이 쌌기 때문에, 일제로서는 경제 호황으로 늘어난 자본을 조선의 농업에 투자해 높은 수익을 올릴 수 있는 아주 좋은 기회였던 거예요.

1920년부터 15년 동안 연간 900만 석의 쌀을 더 생산했어요. 이중 700만 석을 일본으로 보낼 계획을 세웠는데 이를 '산미 증식 계획'이라 해요. 조선 총독부에서는 쌀 생산량을 늘리기 위해 어떤 정책을 썼는지 좀 더 살펴볼까요?

먼저 일본인 입맛에 맞는 품종을 보급하기 위한 '우량 품종의 보급'을 추진했어요. 이 밖에 농사짓는 방법을 개선하거나, 퇴비를 장려하고, 간석지를 개간하는 등 다양한 방법으로 쌀의 생산량을 늘리기 위한 계획을 차근차근 실행했어요.

그런 방법으로 조선에서 많은 쌀을 생산하여 일본으로 보냈고, 이로 인해 일본의 식량 사정이 많이 좋아졌습니다. 일본으로 건너간 조선 쌀은 일본의 쌀값을 안정시키는 데 기여했고, 이는 일본 노동자들의 임금을 낮은 상태로 묶어 두는 데에도 한몫했지요.

산미 증식 계획을 구체적으로 실천하려면 수리 시설을 늘리는 것이 필요했어요. 수리 시설을 만들기 위해 총독부나 금융 기관의 지원도 크게 늘었어요. 그렇게 해서 전국 여러 곳에 수리 조합이 세워졌어요.

수리 조합은 조합원의 농지에 물을 공급하기 위해 저수지와 수로를 만들고 양수기를 설치하는 데 많은 비용을 들여야 했어요. 많은 조합비를 내야

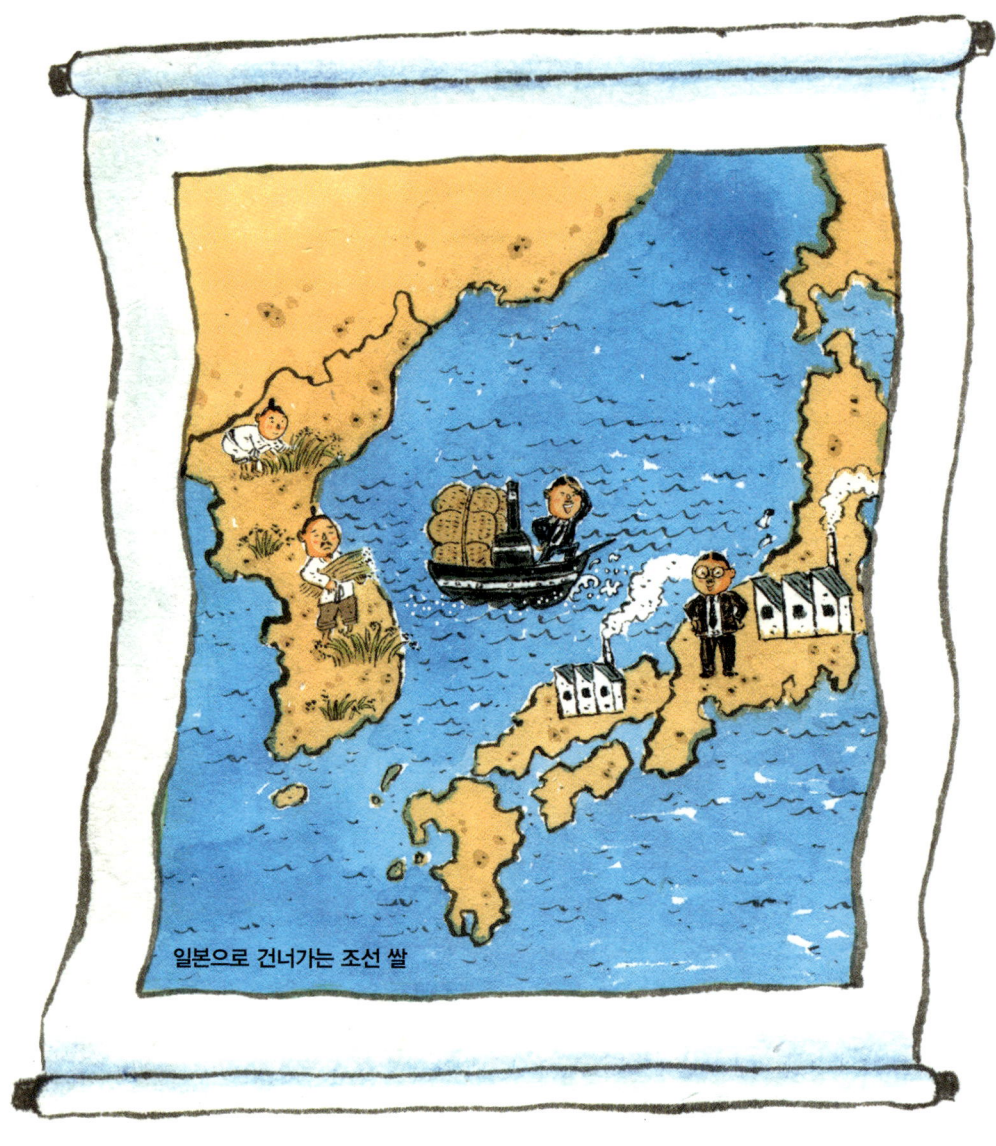

일본으로 건너가는 조선 쌀

했기 때문에 적은 토지를 소유한 사람들은 결국 땅을 팔아야 하는 경우도 있었어요. 그리하여 점차 적은 수의 대지주 손에 토지가 집중되는 상황이 벌어졌어요.

또한 소작인이 지주에게 내는 소작료도 오르게 되었어요. 농장에 소속된 소작인은 제때에 모를 내고, 김을 매고, 추수를 해야 했어요. 가을 추수 뒤에는 빌린 비료와 농자금을 돌려주어야 했지요. 이것이 끝이 아니었어요. 물 사용료 명목으로 수리 조합비를 따로 내야 했어요. 급기야 농민들은 "타작이 끝나면 빗자루만 들고 나온다."며 자신들의 처지를 한탄했어요. 이에 농민들은 수리 조합 반대 운동을 일으키기도 했어요.

이렇게 해서 1920년대 이후 한반도에서 생산되는 쌀은 크게 늘어났지만 농민들은 더욱 가난해지는 이상한 현상이 계속되었어요. 늘어난 쌀 생산이 농민 생활의 향상으로 이어지지는 않은 것이죠. 이러한 사정은 특히 1920년대 이후에 더욱 본격화되었어요.

식민지 지주는 어떻게 만들어지고 몰락했을까?

일제의 지배를 받은 일제 강점기에도 한국의 농촌에는 힘을 갖고 큰 부를 누리던 지주들이 있었어요. 이들을 천석꾼, 만석꾼이라 불렀는데 소작인들에게 받은 소작료가 천 석, 만 석을 넘는 땅 부자를 가리켜요.

농사지을 땅이 많다는 것은 어떤 의미일까요? 이는 땅을 통해 큰 경제적 수입을 얻을 수 있다는 뜻이에요. 땅은 움직이지 않는 재산이기에 부동산이라고도 하잖아요. 그러니 한번 땅 부자면 영원한 땅 부자일 거라고 생각하기가 쉽지요. 정말 그럴까요? 우리 속담에 "삼 대 가는 부자 없다."라는 말에서 알 수 있듯이 천석꾼, 만석꾼 집안이 오래도록 땅 부자로 남아 있는 경우는 많지 않았어요. 부자라고 하지만 세월의 변화에 제대로 대응하지 못하는 경우가 있기 때문이죠. 식민지 지배의 변화는 피할 수 없는 그늘이 되어 땅 부자들에게도 다가왔습니다.

한국에서 근대의 땅 부자는 1876년에 있었던 개항 이후에 나타났어요. 개항 이후 쌀, 콩, 면화 등을 일본으로 수출하는 길이 열렸고, 그 양 또한 크게 늘었어요. 이제 땅만 가지고 있으면 소작료를 두둑하게 거두어 큰 부자가 될 수 있었던 거죠.

이전부터 땅 부자였던 양반 가문은 계속 많은 땅을 소유할 수 있었고, 중인 출신이나 상인 출신들도 상업이나 고리대 등을 통해 땅을 많이 차지할 수 있었어요. 게다가 농산물을 시장에 내다 팔아 돈을 더욱 많이 모아 다시 토지를 사거나, 갯벌을 개간해서 토지를 확보할 수 있었어요.

1910년 이후에는 일제의 조선 강점에도 불구하고 지주들의 농업 경영은 큰 타격을 받지 않았어요. 일제가 강력하게 추진한 식량 증산 정책이 오히려 지주들에게는 안정적으로 농업 경영을 할 수 있는 배경이 되어 주었어요. 조선 총독부는 조선에서 쌀을 더욱 많이 생산하기 위해 지주들을 독려했어요. 그리고 그런 성과를 얻기 위해 지원도 해 주었어요.

그리하여 지주들은 농업 이외의 분야에 대한 투자를 늘려 갔어요. 상업이나 금융 부분에 진출하기도 했고, 제조업·정미업·양조업 등으로 투자를 늘려 나갔습니다. 1930년대 중반까지 조선의 지주들은 '브레이크 없는 자동차'처럼 질주하면서 성공 가도를 달렸습니다.

그러나 1930년대 초반 대공황의 여파가 농촌으로 밀려들면서 지주들은

| 지주의 집 마당에서 수확한 벼를 타작하는 농민들 |

점차 심각한 경제 문제에 맞닥뜨리게 되었어요. 농산물의 가격이 급격하게 떨어지면서 농가의 빚도 늘어났어요. 살기가 힘들어진 소작인들은 격렬한 소작 쟁의를 일으켰어요. 거기에 일본의 전쟁이 확대되면서 지주들은 그에 따른 비용까지 대 주어야 했어요.

또한 지주 가문 안에도 문제가 있었어요. 지주 가문의 자식들은 근대적인 교육을 받으면서 지주로서의 마음가짐이나 능력을 갖추지 못했어요. 점차 몰락의 길을 걷던 지주들은 해방 이후 농지 개혁과 토지 개혁을 거치면서 명목상으로는 사라지게 되었답니다.

서울과 시골의 차이는 더욱 벌어지고

일제 강점기의 농민들은 여전히 전통적인 방식으로 생활하고 있었어요. 전국에 철도가 깔리고 도시를 중심으로 근대 시설들이 들어섰지만, 인구의 대부분을 차지하는 농민들은 문명의 혜택을 덜 받고 살았습니다. 그저 마을의 구성원으로서 지역 공동체의 질서를 잘 지키며, 가족의 노동력을 대부분 생계를 유지하는 데에 쏟아부으며 살아갔어요. 도시에서 일부 부유층이 근대적인 서구 문물에 둘러싸여 지낸 것과는 완전히 다른 풍경이었지요. 서울과 시골의 격차는 점점 더 심각하게 벌어졌어요.

농민들은 농사일뿐만 아니라 각종 부업도 하고, 돈을 주는 곳에 가서 노동도 하면서 얻은 수입의 대부분을 식료품비와 의류비로 사용했어요. 그 밖의 지출은 엄청 아꼈어요. 그렇게 해도 대다수 농민은 농사만 지어서는 생계를 꾸려 갈 수가 없었어요. 그래서 여기저기 돌아다니며 물건을 파는 행상이나 짐 나르기, 농사일 돕기 등 다양한 일을 해서 생계에 보탰어요.

특히 농촌의 장시(5일장)를 중심으로 농사일 이외의 할 일을 찾았습니다. 농민들은 닷새마다 찾아오는 장날에 약간의 곡식이나 돼지, 닭, 계란 같은 것을 가져가서 팔고 생활에 필요한 물건을 사서 돌아왔습니다. 농민들이 구입하는 물건은 놋그릇, 질그릇, 양잿물, 성냥갑, 염색용 물감 같은 것이었습니다. 또한 장시는 농민들에게 나랏일과 관련된 이런저런 소식을 들을 수 있는 기회를 제공하기도 했어요.

소작농들, 소작 쟁의를 일으키다

일제 강점기의 농민들은 대부분 지주나 농장의 논밭을 경작했어요. 지주들은 땅 주인으로서 농민들에게 땅을 빌려 준 대가로 수확물의 50퍼센트 이상을 가져가는 구조였지요. 이런 방식을 '소작'이라고 해요. 이에 불만을 느낀 소작인들은 소작 조건을 개선하기 위해 지주를 상대로 소작 쟁의를 일으키기도 하였습니다. 농지를 가지고 있는 지주들은 소작인들을 철저히 통제했어요. 재배할 품종을 결정하는 것에서부터 재배 기술, 비료 종류, 농기구 사용, 수확 시기까지 간섭했어요. 거기에다가 소작 기간을 1년 단위로 계속 새로 맺는 방식을 취했어요. 이는 소작농의 안정적인 생존권을 크게 위협했어요.

무엇보다 소작농을 가장 괴롭힌 것은 높은 소작료였어요. 지주들은 소작료 말고도 노력 봉사 비용, 각종 경조사 비용 등 갖가지 명목의 비용을 소작인에게 물게 했어요. 이처럼 어려운 처지에 놓인 소작인들이 자신의 처지

를 바꾸기 위해 지주들에게 항의하고 저항한 것이 바로 '소작 쟁의'입니다.

대토지를 가지고 있는 일본인 지주와 농장에 소속된 조선인 소작인이 일으킨 최초의 소작 쟁의는 1919년에 일어났습니다. 1919년 11월 13일, 황해도 흑교농장 소작인 1,500여 명이 높은 소작료에 항의하기 시작했어요. 이후 다른 소작인들도 소작 쟁의를 일으켜 이러저러한 부담과 소작료를 내리기 위한 투쟁, 소작권 박탈에 대한 반대 투쟁을 벌여 나갔어요. 그러나 소작 쟁의는 1939년 12월 일제가 '소작료 통제령'을 제정, 공포함에 따라 아예 차단되어 버리고 말았어요.

쌀을 강제로 빼앗아 가던 일제의 패망

일본은 1937년에 중·일 전쟁을 일으켰어요. 이후 전쟁이 길어지면서 군인들이 먹을 식량을 확보하는 것이 큰일이 되었어요. 조선 총독부는 이를 위해 1939년 7월부터 하루 한 끼 죽을 먹는 이른바 '죽 먹기 운동'을 펼쳤어요. 1940년 5월부터는 학생 급식으로 감자를 주기 시작했고요. 그리고 1940년부터 쌀 공출 제도를 실시했어요. 말 그대로 전쟁에 필요한 물자를 강제로 빼앗아 간 것이죠. 공출 대상은 쌀을 포함한 대부분의 농산물로 확대되었고, 공출 수량 또한 일제가 강제적으로 정해 주기 시작했어요.

1942년에는 쌀 생산량의 약 55퍼센트, 1943년에는 쌀 생산량의 약 68퍼센트인 1,264만 섬을 공출해 갔고, 1944년에 약 75퍼센트의 쌀을 공출해 갔다고 합니다. 이것만 봐도 어마어마한 양의 농산물을 빼앗아 갔음을 알 수 있겠죠? 그 결과 우리 농민들은 풀뿌리와 나무껍질을 빼놓고는 먹을 게 없는 상황에 놓이게 되었어요.

점점 전쟁의 나락으로 빠진 일본은 식량을 공출하는 것에서 그치지 않았

쌀 공출

어요. 시간이 가면서 무기를 만들기 위해 각종 쇠붙이도 모두 공출해 갔어요. 각 집에서 사용하던 유기 그릇, 절에서 사용하던 종과 불상, 동상, 다리 난간을 비롯해 철도 레일까지 걷어 갔어요.

일본이 전쟁을 수행하기 위해 조선에서 행했던 일 중 가장 나쁜 일이 어떤 일인지 아나요? 바로 노동력을 강제로 동원한 일이었어요.

일본은 조선인 노동력을 강제로 동원하면서 겉으로는 '모집'이나 '알선'이라는 이름으로 포장했어요. 다시 말해 월급도 많고 기술도 배울 수 있는 좋은 일자리가 있다는 말로 노동자를 끌어모은 것이죠. 1939년부터 본격적으로 노동력을 동원하기 시작했고, 행정 기관도 이에 대해 체계적으로 개입했어요.

태평양 전쟁을 시작한 지 5개월 만인 1942년 5월 8일, 일제는 1944년부터 조선에 징병제를 실시한다고 공포했어요. 징병제 실시 이전인 1943년까지, 학도 지원병을 합쳐 23만여 명의 조선 청년이 지원병으로 일본 군인이 되었어요. 1944년 징병제가 실시된 뒤 약 20만 명의 조선 청년이 일본의 육해군 현역병으로 징집되어 꽃다운 청춘이 제국주의 침략 전쟁에 희생

되었습니다.

　이렇게 조선 사람들을 수탈했지만 결국 일본은 전쟁에 지고 말았습니다. 1945년 8월 15일, 일본은 공식적으로 항복을 발표했고, 우리나라는 해방을 맞이했습니다. 일제는 물러갔지만 지주와 소작민들의 관계는 여전히 변함이 없었습니다. 우리 민족은 사회의 다른 문제와 함께 농업 문제를 해결해야 할 과제를 안게 되었습니다.

농사를 짓는 사람이 농지를 소유하자!

1945년 8월 15일, 일본이 연합군에게 항복하면서 한국은 일제에서 벗어나 해방을 맞이합니다. 식민 지배에서는 벗어났지만 우리 민족의 앞길에는 정치, 경제, 사회, 문화 각 분야에 걸쳐 해결해야 할 과제들이 많이 쌓여 있었어요. 그렇다면 농업 분야에서는 어떤 과제들을 해결해야 했을까요?

당시 농업 분야에서는 일제 강점기부터 많은 문제를 안고 있던 소작제를 없애는 일이 무엇보다 급했어요. 거기에 농지 개혁도 시급했고요. 해방 이후에는 농지를 다시 농민에게 적당하게 나누어 주어 농업 생산력을 높이는 것이 요구되었어요.

농민에게 농지를 나누어 주는 농지 개혁의 원칙이 바로 '경자유전'이었어요. 이 말은 "농사를 짓는 사람이 농지를 소유해야 한다."는 뜻이에요. 이

원칙에 따라 농사를 짓지 않는 사람은 농지를 소유하지 못하게 했어요. 이것은 자신이 소유한 농지를 땅 없는 사람에게 빌려 주고 대신 지대를 받는 소작 제도가 없어지는 것과 같은 의미였어요.

해방 직후 우리나라의 토지 사정을 살펴볼까요?

당시에는 적은 수의 지주들이 막대한 토지를 갖고 있었어요. 대부분의 농민들은 아주 적은 토지를 갖거나 아예 토지를 갖지 못했어요. 결국 농민들의 대부분은 소작인으로서 땅 주인인 지주에게 많은 소작료를 내고 있었죠. 이런 제도 때문에 농민들은 일할 의욕을 갖기 힘들었을 거예요. 열심히 일해 봐야 지주 좋은 일만 시켰으니까요.

이런 이유 때문에 해방 직후부터 농지 개혁이 시작됩니다. 일제 식민지 아래에서 많은 농민들이 자신들의 토지를 갖기 위한 투쟁을 벌였는데 비로소 현실이 될 수 있었던 거죠.

농지 개혁을 추진하다

해방이 되고 각 정당이나 사회단체들도 농지 개혁과 토지 개혁의 필요성을 주장하고 각자 이에 대한 다양한 입장들을 내놓았어요. 어떤 입장이 있었는지 한번 살펴볼까요?

첫 번째 입장은 농민들의 처지에서 농지를 무상 몰수하고 무상 분배한다는 큰 원칙을 가지고 있었어요. '무상 몰수, 무상 분배'라는 말이 좀 어렵게 느껴지죠? 이것은 현재 토지를 가진 사람에게 대가를 주지 않고 토지를 강제로 빼앗은 다음, 농사를 지을 당사자인 농민들에게 아무런 대가 없이 토지를 나누어 주자는 내용이에요. 주로 사회주의자들이 만든 조선 노동당이 주장하는 내용이었어요.

다른 하나는 한국 민주당의 방안이었어요. 이 정당은 구성원의 대부분이 친일 세력과 지주 계급이었어요. 그러니 토지 개혁에 반대하는 지주 계급의 이익을 대변할 수밖에 없었죠. 그들의 주장을 살펴볼까요?

한국 민주당은 1946년 이후부터 '유상 몰수 유상 분배'를 주장했어요. 이는 지주들에게 대가를 지불한 뒤에 토지를 몰수한 다음, 농사를 지을 농민들이 그에 맞는 값을 치르고 토지를 가질 수 있게 하자는 거였죠. 이 방안

무상 몰수 무상 분배 　　　　　　유상 몰수 유상 분배

은 뭐가 문제였을까요? 결국 경제력을 가진 농민만이 토지를 가질 수 있고 농사를 지을 수 있었던 거지요. 농사를 짓는 농민들이 경제력이 없어도 토지를 가질 수

북한의 토지 개혁 포스터

있게 하자는 '무상 몰수, 무상 분배' 방안과는 내용이 많이 달랐던 거죠. 물론 두 방안 다 토지를 갖고 있지만 농사는 짓지 않는 지주가 사라진다는 점에서는 같았어요.

북한에서도 1946년 3월에 사회주의적 토지 개혁을 실시했어요. 남한에서는 1948년 3월과 1950년 4월, 2차에 걸쳐 농지 개혁을 실시했고요.

농지 개혁을 했다고 해서 농업 생산성이 높아진 것은 아니에요. 농민들은 여전히 보릿고개에 시달렸어요. 높은 수익을 올릴 수 없었던 농민들은 가을에 수확한 곡물을 정부에서 사 들이는 것에 의지할 수밖에 없었답니다.

농업 기술 개발이 한창 벌어진 1960년대와 70년대

1950년대에는 농촌 인구가 많았어요. 그에 비해 농업 생산성은 아주 낮은 수준이었고요. 정부에서는 곡물의 가격을 낮게 유지하는 정책을 계속 이어 갔으니, 농사를 지어 수익을 거두기가 쉽지 않았죠. 1957년 조사만 보더라도 당시 농민의 절반가량이 세 끼 식사를 제대로 하기 어려운 상황이

농민과 함께 일하는 박정희 대통령

었어요.

1960년 4·19 혁명이 일어났지요. 많은 사람들의 피로 지켜 낸 민주주의 정신을 정치권에서 제대로 잇지 못하여 혼란한 틈을 타 1961년 5·16 쿠데타로 박정희 군사 정권이 태어납니다. 박정희 대통령은 '농민의 아들'이라는 점을 강조하면서 농업의 수준을 높이기 위한 정책들을 만들었어요. 어떤 정책이 있었는지 살펴볼까요?

먼저 박정희 대통령은 1962년 농촌 진흥청을 만들었어요. 이곳에서 식량 문제를 해결하기 위한 여러 농업 기술을 개발했어요.

당시 농촌 진흥청을 중심으로 각 지역 농민들이 힘을 합쳐 한 일은 먼저 토지 이용의 능률을 높이기 위해 토양을 개량하는 일이었어요. 이를 위해 각 지역의 토양을 분석해서 토양 지도를 만들었어요. 이 지도를 가지고 각 지역에 적당한 농작물은 무엇인지, 그 농작물에 맞는 재배 기술이 있다면 어떤 것이 있는지 개발하고 널리 보급하는 일을 한 것이죠.

거기에 보다 많이 수확할 수 있는 품종과 그에 맞는 재배법을 개발하는 노력도 게을리하지 않았어요. 한편 농업을 발전시키기 위해 많은 연구소를 세워 연구자를 키워 냈어요. 그 결과 원예, 축산, 잠업 등 각 분야별로 어떻게 하면 농가 소득을 높일 수 있을지 그 방법을 개발하기 시작했습니다.

현대 한국 농업의 획기적인 변화는 1960년대 이후에 일어났어요. 농업 분야를 발전시켜서 우리가 먹을 식량은 우리가 지어서 먹을 수 있도록 발전을 꾀했던 시기예요.

1962년 농촌 진흥법이 만들어졌어요. 농업을 근대화하고, 농가 소득을 올리고, 식량 생산을 늘려서 자급자족 체계를 만들자는 것이 농업 정책의 기본 목표가 되었어요. 이 목표를 위해 과학적인 방법들이 새롭게 제시되

1962년 세워진 농촌 진흥청

었어요. 곧 수확을 많이 거둘 품종이 개발되어 생산량을 크게 높일 수 있었어요. 또한 큰 규모의 농업 종합 개발 사업을 통해 농지를 늘리고, 경지를 정리하고, 관개 시설을 널리 보급하는 것이 가능해졌어요. 또 비료와 농약 등 농사를 짓는 데 필요한 물품을 적당한 시기에 공급할 수 있는 체계를 마련했어요. 농기계들을 개발하여 보급하기도 했지요.

1970년대, 통일벼를 널리 보급하다

1970년대에는 남한 농업의 큰 과제가 해결되는 기쁜 일도 있었어요. 1974년에는 쌀 생산량이 3천만 석을 돌파했고, 1975년에는 쌀 자급률이 100퍼센트를 이루었어요. 국내에서 소비할 쌀의 양을 국내에서 생산한 양으로

통일벼

감당할 정도가 된 것이죠.

이렇게 쌀의 자급자족을 가능하게 만든 것이 바로 '통일벼'입니다.

당시 주로 재배하던 벼는 이삭 하나에 낟알이 80~90개가 달리는 것이 보통이었어요. 하지만 통일벼는 대부분 120~130개의 낟알이 달렸고, 어떤 것은 200~300개가 되기도 했대요. 같은 면적에 같은 개수를 심어도 통일벼가 훨씬 많은 양을 거둘 수 있었겠지요?

물론 통일벼도 단점은 있었어요. 낟알이 쉽게 떨어졌고, 밥맛이 그다지 좋지 않았어요. 하지만 나라에서 강한 의지를 갖고 있었기에 우리 땅에 알맞은 품종으로 자리 잡게 되었어요. 그 결과 1972년 16퍼센트였던 통일벼의 보급률은 1977년에 55퍼센트까지 늘어났습니다.

식량 부족을 해결하기 위해 들여온 통일벼이지만 이후 한국의 농업은 외국에 기대지 않고 우리 스스로 발전해 나갈 수 있는 힘을 길렀어요. 또한 과학적인 영농 기법을 널리 확산시켰어요. 이후 쌀 품종 개발은 더욱 빨라졌고, 우수한 품종들을 더 많이 보급할 수 있었답니다.

잘살기 위한 운동으로 시작한 새마을 운동

1970년 초 무렵 박정희 대통령의 지시로 새마을 운동이 시작됩니다. 처음에 새마을 운동은 '잘살기 위한 운동'으로 시작되었어요. 우리나라 농촌 사회에서 오랫동안 이어져 온 향약과 계, 두레, 품앗이 등과 같은 농민 자치 조직을 활용하고자 한 것이죠. 이 자치 조직과, 중앙과 지방의 협조를 바탕으로 농촌과 어촌의 발전을 꾀하자는 것이 목적이었어요. 이후 1971년 새마을 운동이라는 이름이 만들어졌고, 전국적으로 널리 퍼져 나갔어요.

박정희 정부가 적극적으로 추진한 새마을 운동이었기에 모든 것을 국가가 주도한 것처럼 보이지요? 하지만 이 운동을 국가에서 주도하기 전에 이미 농촌 사회에는 '새마을'과 '새농민'이 있었어요. 가난과 무지를 스스로 극복하기 위해 노력하는 지도자들이 있었던 거죠. 이 지도자들은 마을에 야학을 열어 농민들에게 글자를 가르쳤어요. 그뿐만이 아니었어요. 협동조합을 만들어 농기구와 비료를 공동으로 구매했어요. 또한 농산물을 어떻게 팔지 공동으로 판로를 만들어 가는 일을 벌였어요. 그러니까 농민들이 스스로 진행하던 농촌 자립 운동의 모델을 박정희 대통령이 가져와 국가 주도의 운동으로 진행한 것이 새마을 운동인 것이죠.

새마을 운동은 근면, 자조, 협동을 기본 정신으로 삼았어요. 부지런히 일하고 스스로 힘을 키워 이웃과 협조하여 마을을 크게 바꾸자는 것이 목표였어요.

새마을 운동은 당시 뒤처져 있던 농업 경쟁력을 높이고, 시민들의 자율적인 참여를 이끌어 내기도 했어요. 하지만 당시 농촌에서 이어지던 공동체 조직과 관행, 의례 등을 한순간에 없앤 것은 큰 비판을 받는 부분이기도 합니다. 사회가 변한다는 것은 나라에서 밀어붙여 아주 빠르게 변화해야

| 새마을 운동 |

새마을 운동이 벌어질 무렵 농촌 마을에서 자동차나 손수레가 마을 안까지 들어올 수 있도록 길을 닦았다. 또한 초가지붕을 슬레이트 지붕으로 바꾸었다. 이 일들은 모두 마을 사람들이 힘을 모아 함께 했다.

새마을 모자

새마을 깃발

할 부분도 있지만, 사람의 생각이 변하면서 자연스럽게 바뀌어 가야 하는 부분도 있어요. 국가가 심하게 끼어들어 빠르게, 그리고 계획적으로 이루고자 했던 것은 아닌지 반성해 볼 대목이 아닌가 생각해요.

1980년대, 농사짓는 사람은 줄고 노인들은 늘고

1970년대에도 농촌 인구가 크게 줄어들었는데 1980년대에 들어와서는 인

구가 더 줄어들었어요.

  농촌에 살면서 농사를 짓고 사는 사람을 '농업 인구'라고 해요. 1970년 당시 농업 인구는 1천440만 명으로 전체 인구의 45퍼센트 정도를 차지했어요. 그러던 것이 1975년에는 37.5퍼센트를 차지했고, 1980년에는 28.4퍼센트를 차지했어요. 이처럼 전체 인구에서 농업 인구가 차지하는 비중이 아주 빠르게 낮아진 거죠. 또한 실제 인구도 빠르게 줄어들었고요.

농촌 인구의 고령화 및 감소

　1990년대 이후 농업 인구의 감소 추세는 조금 주춤했지만 여전히 줄어들고 있습니다. 2005년 이후에는 농업 인구가 300여만 명으로 전체 인구의 6~7퍼센트 정도에 지나지 않아요.

　농업 인구가 줄어드는 일보다 훨씬 더 심각한 문제는 바로 농촌의 고령화예요. 현재 50대 이상을 다 합치면 노년 인구가 60퍼센트 이상을 차지하는 상황이에요. 농촌의 고령화와 더불어 농업 인구가 점점 더 줄어드는 경우를 대비해 다양한 대책이 마련되어야 해요.

1990년대, 농산물 시장이 열리다

20세기 후반에 들어서면서 전 세계적으로 무역 자유화 추세가 널리 퍼졌어요. 우리도 농산물 시장을 열지 않을 수 없었죠. 세계 여러 나라 사이에 관세와 무역에 관한 협상을 했는데 이 협상을 '우루과이 라운드'라 해요.

1986년 9월 우루과이에서 첫 번째 회의가 열렸고, 이후 몇 차례 협상이 계속되었어요. 결국 1993년 12월에 타결되어 1995년부터 발효되었습니다. 이후 새로운 국제 무역을 담당하는 기구로 세계 무역 기구(WTO)가 만들어졌어요. 세계 무역 기구는 우루과이 라운드의 합의 내용을 세계 여러 나라들이 잘 따르는지 감시하고 규제하는 역할을 맡고 있어요. 이로써 세계 여러 나라는 국경 없는 무한 경쟁의 풍랑 속에 들어가게 되었어요. 한국의 농산물 시장 또한 개방하지 않을 수 없는 상황에 놓이게 되었죠.

한국의 농산물 시장이 세계로 개방되면 어떻게 될까요?

우리나라의 농업은 많은 위험에 처하게 될 거예요. 먼저 쌀농사는 커다란 위협을 받게 됩니다. 미국은 기계화가 이루어져 대규모로 생산을 하니 생산비가 아주 낮아요. 중국이나 동남아시아는 인건비가 싼 데다 일 년에 몇 번이고 수확이 가능해요. 그에 비해 한국의 쌀값은 높은 편입니다. 다시 말해서 쌀 시장을 개방하면 싼 가격으로 밀고 들어오는 미국산 쌀에 맞서기가 어려워요. 정부는 쌀 시장도 개방하면서 농민들도 보호할 수 있는 여러 가지 대책을 마련하고 있지만 더 근본적인 대책이 필요한 때입니다.

쌀 수입 반대 시위

지금 우리의 농촌과 농업은 위기라고 할 수 있어요. 농촌에 사는 인구는 점점 줄고, 농촌에 사는 사람들은 대부분 노인이에요. 또한 농업은 값싼 외국 농산물과 힘겹게 경쟁해야 하는 상태이지요. 어려운 정도가 아니라 몰락의 위기에 처했다고 해도 지나친 말이 아닐 거예요.

이러한 상황에서 한국의 농업은 단순히 농산물을 생산하는 것에서 머물지 않고 과학 영농, 환경 농업의 방향에서 해결책을 만들어야 할 거예요. 나아가 농업은 생명을 다루는 생명 산업이라는 점을 명심해야 할 것입니다.

21세기의 농업은 생명 산업

신석기 시대에 농사짓기가 시작된 뒤부터 농업은 사람들의 삶에 깊숙이 관련을 맺으며 그 역할을 담당했어요. 그런 농업의 역할은 사람이 먹고 살아

야 하는 한 변하지 않을 거예요.

앞으로의 농업은 생명 산업으로서 더욱 발전할 거예요. 더불어 환경을 파괴하는 방식이 아닌 환경을 보다 적극적으로 지키는 방향으로 나아가겠지요. 그렇게 해서 이 땅에 사는 사람들이 건강하고 행복하게 살 수 있도록 그 바탕을 마련해 주어야 할 것입니다.

농업은 국민들에게 식량을 안정적으로 공급하는 일이지만, 한편 각 지역이 균형 있게 발전하는 일도 고려해야 합니다. 그리고 이제까지 지켜 온 농촌의 전통문화와 가치관도 잘 계승해 나가야 해요. 그렇게 되면 지금 우리 농업과 농촌이 마주한 위기 상황을 하나씩 이겨 나갈 수 있을 거예요.

신석기 혁명부터 쌀 개방까지
우리나라 농업의 역사

2015년 11월 24일 1판 1쇄

지은이 : 염정섭
그린이 : 한용욱

편집 : 강변구
디자인 : 권소연
마케팅 : 이병규·최영미·김선영
제작 : 박흥기
출력 : 한국커뮤니케이션
인쇄 : 코리아피앤피
제책 : 정문바인텍

펴낸이 : 강맑실 | 펴낸곳 : (주)사계절출판사 | 등록 : 제406-2003-034호
주소 : 10881 경기도 파주시 회동길 252
전화 : 031) 955-8588, 8558
전송 : 마케팅부 031) 955-8595 편집부 031) 955-8586
홈페이지 : www.sakyejul.co.kr | 전자우편 : skj@sakyejul.co.kr
독자 카페 : 사계절 책 향기가 나는 집 cafe.naver.com/sakyejul
트위터 : twitter.com/sakyejul | 페이스북 : facebook.com/sakyejul

ⓒ 염정섭, 한용욱 2015

값은 뒤표지에 적혀 있습니다. 잘못 만든 책은 구입하신 서점에서 바꾸어 드립니다.
사계절출판사는 성장의 의미를 생각합니다. 사계절출판사는 독자 여러분의 의견에 늘 귀 기울이고 있습니다.
이 책은 저작권법에 따라 보호받는 저작물이므로 무단전재와 무단복제를 금합니다.

ISBN 978-89-5828-915-9 74900
ISBN 978-89-5828-647-9 (세트)

이 도서의 국립중앙도서관 출판시도서목록(CIP)은 e-CIP 홈페이지(http://nl.go.kr/ecip)에서 이용할 수 있습니다.
CIP제어번호 : CIP2015031383